21世纪韩国语系列教材

普通高等教育"十一五"国家级规划教材

韩国语概论

(第二版)

林从纲　任晓丽　徐　俊　编著

编委：

陈楠楠　陈昱莹　张乃禹　张文丽
郑　杰　杨漫漫　郝宁宁　刘　虹

图书在版编目（CIP）数据

韩国语概论 / 林从纲，任晓丽，徐俊编著. —2版. —北京：北京大学出版社，2022.10
21世纪韩国语系列教材
ISBN 978-7-301-33492-8

Ⅰ.①韩…　Ⅱ.①林…②任…③徐…　Ⅲ.①朝鲜语 – 高等学校 – 教材　Ⅳ.①H55

中国版本图书馆 CIP 数据核字 (2022) 第 190420 号

书　　　名	韩国语概论（第二版）
	HANGUOYU GAILUN (DI-ER BAN)
著作责任者	林从纲　任晓丽　徐　俊　编著
责任编辑	刘　虹
标准书号	ISBN 978-7-301-33492-8
出版发行	北京大学出版社
地　　　址	北京市海淀区成府路 205 号　100871
网　　　址	http://www.pup.cn　新浪微博：@北京大学出版社
电子信箱	liuhong@pup.cn
电　　　话	邮购部 010-62752015　发行部 010-62750672
	编辑部 010-62759634
印　刷　者	三河市博文印刷有限公司
经　销　者	新华书店
	650 毫米 × 980 毫米　16 开本　22.25 印张　210 千字
	2005 年 4 月第 1 版
	2022 年 10 月第 2 版　2022 年 10 月第 1 次印刷
定　　　价	58.00 元

未经许可，不得以任何方式复制或抄袭本书之部分或全部内容。
版权所有，侵权必究
举报电话：010-62752024　电子信箱：fd@pup.pku.edu.cn
图书如有印装质量问题，请与出版部联系，电话：010-62756370

第二版前言

《韩国语概论》自出版以来，陪伴读者走过了17个春秋。其间，得到多位专家、学者的肯定，受到广大读者的欢迎，也有幸入选"十一五"国家级规划教材。

目前在全国200多所开设韩国语专业的学校中，许多学校将其列为重要的语言学教材，同时也成为莘莘学子考研、留学的必备书目。

该书的出版基本实现了我们的初衷，但随着本学科语言学研究的深入，我们对某些问题的研究又有了新的认识，同时也应读者的要求，决定修改后再版此书。

对该书的修改，我们尽了力，但仍会有疏漏之处，恳请各位专家、学者和读者指正。

编者

2022年3月

序一

我与林从纲教授有着多年的友谊,他在国内韩国语教育界可谓德高望重。

此次翻阅了由他主编的《韩国语概论》,感到由衷的喜悦,欣然提笔为之作序。

近年来,随着中韩交流的日益扩大,有关韩国学及韩国语的各种书籍相继问世,令人目不暇接。但粗略看一下,大都为韩国语入门等基础教材,鲜见有从理论上系统介绍和研究韩国语方方面面的著作。

令人欣喜的是,在林从纲教授的悉心指导下,年轻的大连外国语学院韩国语系不仅教学规模以惊人的速度发展,使大外成为具有韩国语专业硕士学位授予权的院校,培养了许多韩国语工作者及研究人员,同时,在韩国语理论研究及编写实用教材方面所取得的成果也颇为令人瞩目。继林从纲教授的《韩国语词汇学》(多所高校用作本科生、硕士研究生教材)、《外贸韩国语》《导游韩国语》之后,又有《科技韩国语》《韩国日常生活中的敬语与礼节》《实用韩国语会话》《韩国语基础语法与练习》等相继问世。

《韩国语概论》一书从音韵、语法、词汇、词义、文字、应用、文体各个方面较为全面地介绍了韩国语的理论知识，不仅具有一定的理论深度，而且叙述深入浅出、通俗易懂，具有较高的学术价值和实用价值。在语言的应用章节，还涉及目前比较流行的新语、网络语言等新知识。不仅如此，为了让读者更为全面地了解韩国语，还比较研究了韩国与朝鲜的语言政策及规范。

  本书对国内学界的韩国语研究无疑是一大贡献，同时也必将成为韩国语工作者，尤其是韩国语专业的教师和学生全面了解掌握韩国语的良师益友。

李得春

2004年12月于延吉

序二

多年来，我们勤耕不辍于韩国语的教学与研究领域，属意编辑这本书可谓久矣。倘若她对于读者诸君有些许帮助，编者便甚感欣慰了。

大凡语言学概论一类的书，多少都有些枯燥。但本书兼具理论与一般普及读物的双重功用，不仅具有较强的理论性，而且通俗易懂。

本书吸取近年来国内外韩国语研究的一些新的成果，比较全面系统地介绍了韩国语的语言与文字、音韵论、语法论、词义学、语言的应用、修辞与文体、系统论及南北语言比较等。鉴于韩国语及朝鲜语语法术语不太统一的情况，我们本着遵从韩国语、接近汉语的原则来编排书中内容。

在本书完稿之际，我们谨以此书献给读者朋友，衷心希望得到指正和批评，并向给予本书以厚爱的辽宁师范大学文学院教授陈榴博士，大连外国语学院的韩卫星、尹敬爱、朴善姬、孙麟淑、曹祯我（韩国语言学博士）等诸位同仁及北京大学出版社致以深深的谢意，同时感谢大连外国语学院给予的部分资助。

编者
2004 年 12 月

目 录

第一章 语言和韩国语 1
  一、语言及其本质 1
  二、韩国语及其特点 3

第二章 音韵论 10
  一、韩国语的音素 10
  二、音韵变化 16
  三、韩国语的超音段音位 24
  四、语　调 29

第三章 语法论 37
  一、形态论 37
  二、统辞论 84
  三、与统辞有关的语法范畴 129

第四章 词汇及词义论 160
  一、词汇的基本概念 160

  二、词汇的分类 160
  三、构词法 164
  四、词　义 205

第五章　语言的应用 222
  一、方　言 222
  二、隐　语 227
  三、俗　语 231
  四、委婉语与禁忌语 235
  五、敬语、平语与卑语 236
  六、惯用语 237
  七、新　语 245
  八、流行语 248
  九、聊天语言 250

第六章　修辞和文体 253
  一、修　辞 253
  二、文　体 268

第七章　南北语言比较 283
  一、字　母 283
  二、音　韵 285
  三、拼写法 290

四、分写法 295
　　五、词　汇 298
　　六、语　法 304
　　七、语言政策比较 305

第八章　文字论 307
　　一、文字的定义 307
　　二、文字的发展过程 308
　　三、韩国的文字 315

第九章　韩国语系统论 327
　　一、全世界的语言系统 327
　　二、韩国语系属 330

参考文献 336
索　引 339

第一章 语言和韩国语（언어와 한국어）

语言是一种特殊的社会现象，是人类交流思想和传递信息的工具，与社会、文化、思维等有着非常密切的关系。就语言本身而言，语音、词汇和语法是其三要素。语言符号并不是孤立的，语言的诸要素既相互对立，又相互区别；既相互联系，又相互制约，形成一个音义结合的系统。

韩国语（朝鲜称为朝鲜语）通常被认为是单一民族使用的单一语言。基本认定为属阿尔泰语系，形态上是黏着语。韩国语作为语言的一种，除了具有语言的共性之外，还具有一些特性。

一、语言及其本质（언어와 그 본질）

（一）语言的定义（언어의 정의）

人们自古以来就对"语言是什么"这一问题进行着不懈的探索。由于世界观和研究方法的不同，人们对语言的理解也多种多样。颇具代表性的说法就有十几种，大都着眼于语言的本身结构，却没有指出语言的本质是什么。

要回答"语言是什么",首先要搞清楚语言的本质特征。持有不同语言观的人,对语言的本质有着不同的看法、不同的回答。我们认为语言是一种特殊的社会现象,是人类的思维工具和最重要的交际工具,是一种音义结合的符号系统。当作用于人与人的关系时,它是人们表达感情和传递信息的中介;当作用于人与客观世界时,它是认知事物的工具;当作用于文化时,它是文化信息的载体和容器。因此,语言与社会、文化、思维等均有着非常密切的关系。

(二)语言的要素及特征 (언어의 요소와 특징)

就语言本身而言,它是由语音和语义结合而成,由词汇和语法所构成的符号系统。因此,我们把语音、词汇和语法叫做语言的三要素。语音是语言的物质外壳,是语言的外部形式,语言中任何词汇和语法都依靠语音这种物质材料而存在。词汇是语言中词语的总和,在语言中起建筑材料的作用,没有词汇也就没有语言。语法是词形变化和遣词造句规则的总和,词汇只有接受了语法规则的支配,才能使语言表达人类的思想。如果没有语法的支配,词汇只不过是一堆建筑材料,构不成语言的大厦,起不到交际工具的作用。

语言是一种自主的、有意识的行为,语言与所表达事物的关系完全是任意的、约定俗成的;同时,语言又是一个系统,语言中各组成部分处于一定的规律性联系之中,语言的系统性是由语言作为交际工具的本质特征所决定的。因此,语言符号并不是孤立的。语言的诸要素既相互对立,又相互区别,既相互联系,又相互制约,形成一个音义结合的系统。

总之，语言是一种社会现象，这是它的本质特征。语言与经济基础、上层建筑这些社会现象不同，它是一种特殊的社会现象。从社会功能上看，语言是社会统一的交际工具，语言本身则是一种音义结合的符号系统，是有别于一般符号系统的特殊符号系统。

二、韩国语及其特点（한국어와 그 특성）

（一）韩国语的定义（한국어의 정의）

韩国语（朝鲜称为朝鲜语）通常被认为是一种单一民族使用的单一语言。语系上基本认定为阿尔泰语系，形态上是黏着语。使用人数约为8482万，主要分布在朝鲜半岛（7762万），其中韩国约5162万[①]，朝鲜约2600万[②]。其余使用韩国语（朝鲜语）的人数约有720万，主要为分布在中国东北地区的中国朝鲜族（235万），散居在美国、加拿大北美地区（287万）和欧洲（67.7万）、日本（82万）、南亚太平洋地区（48.9万）的韩国侨民[③]。随着韩国经济的发展和国际地位的进一步提高，韩国语学习者越来越多。韩国语已与意大利语并列成为世界第13位的语言。

（二）韩国语的特点（한국어의 특성）

韩国语作为语言的一种，除了具有语言的共性外，还具有一些

[①] 韩国统计厅2021年国内人口统计数据。
[②] 韩国统计厅2021年KOSIS OPENAPI国际人口统计数据。
[③] 韩国外交通商部2020年海外侨民统计数据。

特性。

1. 音韵特点（음운적 특성）

韩国语共有 40 个字母，其中元音 21 个，辅音 19 个。由单个元音或辅音与元音构成音节，再由音节构成单词。在语流中，语音并不是一个一个孤立地发出，而是连续发出的。因此，在韩国语语流中，一个语音往往受临近语音的影响发生一些变化，主要有连音化、辅音同化、腭化、送气音化、紧音化、添加音等音变现象。

2. 形态特点（형태적 특성）

从形态上来看，韩国语的助词、词尾非常发达。韩国语属于黏着语，语法关系主要靠助词和词尾来表示。如：

ㄱ. 그는 이미 백신을 맞았다.

　　他已经接种了疫苗。

ㄴ. 서비스업은 오미크론으로 인해 손해를 많이 보고 있다.

　　服务行业因奥密克戎遭受着巨大损失。

ㄷ. 하나에 둘을 더하면 셋이 된다.

　　1 加 2 等于 3。

ㄹ. 그 동안 배가 많이 고팠을 테니 많이 먹어라.

　　饿坏了吧，多吃点。

ㅁ. 날씨가 좋은 날에 소풍을 가자.

　　天气好的时候去郊游吧。

这些例句中的"는，가，를，을，이"等是助词，"았，었，

ㄴ다, 어라, 자"等是词尾。如果把这些助词和词尾删去，就不成其为句子了。

其次，韩国语的接头词和接尾词比较发达。"맏아들（长子），선생님（老师），불규칙（不规则）"等单词中的"맏，님，불"等是接头词或接尾词。韩国语中此类接头词或接尾词非常多，其中汉字接头词或接尾词占有相当大的比例。

3．统辞特点（통사적 특성）

从句法上看，世界上的语言按照 "S"（主语）、"V"（谓语，韩国语称为叙述语）、"O"（宾语，韩国语称为目的语）的排列顺序，大致有六种不同的语序。它们是"SVO、SOV、VSO、VOS、OSV、OVS"，其中常见的有"SOV""SVO""VSO"。韩国语的语序是"SOV"，即"主语—宾语—谓语"。此外，韩国语的语序比较自由。如：

ㄱ. 어제 철수는 학교에 갔다.
　　昨天哲洙去了学校。

ㄴ. 철수는 어제 학교에 갔다.
　　昨天哲洙去了学校。

ㄷ. 철수는 학교에 어제 갔다.
　　昨天哲洙去了学校。

ㄹ. 철수는 도서관에서 책을 빌렸다.
　　哲洙在图书馆借书了。

ㅁ. 철수는 책을 도서관에서 빌렸다.
　　哲洙在图书馆借书了。

ㅂ. 도서관에서 철수는 책을 빌렸다.
哲洙在图书馆借书了。

尽管"ㄱ-ㄷ，ㄹ-ㅂ"的语序不同，句子的意义却完全一样。但是，语序的自由只是相对的，有的句子不能随意调换句子成分的位置。某些句子成分的位置是相对固定的，例如谓语通常出现在句末，修饰词必须在被修饰词的前面等。此外，韩国语的疑问词可以不在句首。如：

ㄱ. 왜 어제 학교에 오지 않았니?
为什么昨天没来学校？
ㄴ. 어제 학교에 왜 오지 않았니?
为什么昨天没来学校？
ㄷ. 수업은 언제부터 시작할 거예요?
什么时候开始上课？
ㄹ. 언제부터 수업을 시작할 거예요?
什么时候开始上课？

上述例句均为正确的句子。在一个韩国语的句子中，主格助词（가/이）或宾格助词（를/을）可以出现两次。如：

코끼리가 코가 길다.
大象鼻子长。
철수가 이가 아프다.
哲洙牙痛。
나는 철수에게 책을 두 권을 준다.

我给哲洙两本书。

以上句子中,"코끼리"和"코"以及"철수"和 "이"均为主语,而"책"和"두 권" 均为宾语。这种情况通常在后面的主语和宾语为前面的主语所有或表示其数量时发生。

4. 活用特点（활용적 특성）

韩国语的主语、宾语等成分经常省略,有时谓语也可省略。如:

ㄱ. 밥을 먹었어? ——省略主语

 吃饭了吗?

ㄴ. 벌써 다 읽었구나. ——省略主语、宾语

 已经都读完了!

ㄷ. 언제 귀국하십니까? ——省略主语

 什么时候回国?

ㄹ. 왜 열심히 일하는 사람을 퇴직시키냐? ——省略主语

 为什么要辞退努力工作的人?

ㅁ. 언제든지 오시려면 먼저 저한테 연락 주세요. ——省略主语

 不管什么时候,想来的话先跟我联系一下。

ㅂ. 어디로 가? ——省略主语

 去哪儿?

 집으로. ——省略主语、谓语

 回家。

5. 敬语极为发达（경어법이 극도로 발달되었음）

韩国语的敬语按照尊敬对象的不同可划分为主体敬语法（주체 경어법）、客体敬语法（객체 경어법）和听者敬语法（청자 경어법）。按照尊敬方式的不同可划分为直接敬语法（직접 경어법）和间接敬语法（간접 경어법）。

敬语的实现方法多种多样，可以通过词汇、助词、词尾或接头接尾词实现。

此外，在韩国语中，性和数的概念不严格。韩国语中复数的差异没有反映在语法形态上，虽然也有复数表现形式，但使用不严格，表现方式也不规则。

韩国语中，一般在名词或代词后面加"들"表示复数概念，有时"들"可以省略，但为了强调复数概念，最好不要省略。有些词使用"들"，前后意思并无明显的变化，如"우리"和"우리들"。

ㄱ. (우리) 아내가 부엌에서 요리를 하고 있어요.
　　我妻子正在厨房做饭。

ㄴ. 공원에 나무가 많아요.
　　公园里树很多。

ㄷ. 공원에 나무들이 많아요.
　　公园里树很多。

ㄹ. 우리는 한국에 유학 가고 싶습니다.
　　我们想到韩国留学。

ㅁ. 우리들은 한국에 유학 가고 싶습니다.
　　我们想到韩国留学。

例句ㄱ中的"우리 아내"不是"我们的妻子"的意思，而是"我的妻子"的意思。例句ㄴ和ㄷ，ㄹ和ㅁ的意思没有多大差异。

韩国语的时态不明确，虽然现在时态与过去时态的差异比较明显，但将来时态与现在时态的区别不大。如：

ㄱ. 그 일은 3년 후에나 끝납니다.
　　那件事三年后完成。
ㄴ. 그 일은 3년 후에나 끝날 것이다.
　　那件事三年后完成。

第二章　音韵论（음운론）

　　语言有两种表现形式，一种是文字，一种是语音。语言作为一种重要的交流工具，人们在利用它表达思想时，如果发音不清楚，则无法达到交流的目的。因此，外语发音教育是外语学习的首要环节和先决条件。韩国语音韵论在指导非母语学习者掌握正确的拼读拼写方法上有着重要意义。本章主要针对音素变化、音韵变化、超音段音位和韩国语的语调等四个方面进行说明。

一、韩国语的音素（한국어의 음소）

（一）韩国语字母

　　韩国语作为一种表音字母文字（표음자모문자），其音素包括21个元音（모음）、19个辅音（자음）和27个韵尾（받침、收音）。

1. 元音字母（모음）

元音字母顺序	ㅏ	ㅐ	ㅑ	ㅒ	ㅓ	ㅔ	ㅕ	ㅖ	ㅗ	ㅘ	ㅙ
元音字母名称	아	애	야	얘	어	에	여	예	오	와	왜
元音字母顺序	ㅚ	ㅛ	ㅜ	ㅝ	ㅞ	ㅟ	ㅠ	ㅡ	ㅢ	ㅣ	
元音字母名称	외	요	우	워	웨	위	유	으	의	이	

2. 辅音字母（자음）

辅音字母顺序	ㄱ	ㄲ	ㄴ	ㄷ	ㄸ	ㄹ	ㅁ	ㅂ	ㅃ	ㅅ
辅音字母名称	그기역	끄쌍기역	느니은	드디귿	뜨쌍디귿	르리을	므미음	브비읍	쁘쌍비읍	스시옷
辅音字母顺序	ㅆ	ㅇ	ㅈ	ㅉ	ㅊ	ㅋ	ㅌ	ㅍ	ㅎ	
辅音字母名称	쓰쌍시옷	으이응	즈지읒	쯔쌍지읒	츠치읓	크키읔	트티읕	프피읖	흐히읗	

3. 韵尾（받침）

ㄱ, ㄲ, ㄳ, ㄴ, ㄵ, ㄶ, ㄷ, ㄹ, ㄺ, ㄻ, ㄽ, ㄾ, ㄿ, ㅀ,

ㅁ，ㅂ，ㅄ，ㅅ，ㅆ，ㅇ，ㅈ，ㅊ，ㅋ，ㅌ，ㅍ，ㅎ

（二）韩国语元音及其分类

元音（모음）：发元音时，声门以上的发音器官不形成任何阻碍，呼出的气流可以畅通无阻地通过咽腔、口腔或鼻腔。根据发音时舌位和唇形是否固定，可分为单元音（단순모음）和复合元音（이중모음）。

单元音 (단순모음)	ㅏ ㅓ ㅗ ㅜ ㅡ ㅣ ㅐ ㅔ ㅚ ㅟ	10个
复合元音 (이중모음)	ㅑ ㅕ ㅛ ㅠ ㅒ ㅖ ㅘ ㅝ ㅙ ㅞ ㅢ	11个

单元音可按舌位的高低、前后及嘴唇的形状作如下分类：

舌位前后 舌位高低	前元音		央元音	后元音	
	展唇	圆唇	展唇	展唇	圆唇
高	ㅣ	ㅟ	ㅡ		ㅜ
中	ㅔ	ㅚ	ㅓ		ㅗ
低	ㅐ			ㅏ	

韩国语元音舌位图

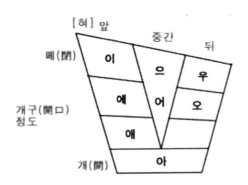

（三）韩国语辅音及其分类

气流在发音器官的某一部位遇到阻碍并且克服其阻碍而发出的音叫辅音(자음)。韩国语的辅音按照发音部位和发音方法来分，如下表所示：

按发音方法		按发音部位		双唇音	舌面前音	舌面后音	喉音
清音	破裂音(파열음)		软音	ㅂ	ㄷ	ㄱ	
			硬音	ㅃ	ㄸ	ㄲ	
			激音	ㅍ	ㅌ	ㅋ	
	摩擦音(마찰음)		软音		ㅅ		ㅎ
			硬音		ㅆ		
	破擦音(파찰음)		软音		ㅈ		
			硬音		ㅉ		
			激音		ㅊ		
浊音	鼻音(비음)			ㅁ	ㄴ	ㅇ	
	流音(유음)				ㄹ		

1. 韩国语的辅音按照形成阻碍、克服阻碍的方式划分为 5 种：破裂音、摩擦音、破擦音、鼻音、流音。

（1）破裂音（파열음）：破裂音又叫塞音。发音时主动发音器官紧密接触被动发音器官，造成完全的阻塞状态，软腭上升，堵住鼻腔的通路，然后突然打开，让气流爆发冲出，发出声音，故又叫做爆发音。韩国语中属于这类音的音素有 9 个，即ㅂ，ㄷ，ㄱ，ㅃ，ㄸ，ㄲ，ㅍ，ㅌ，ㅋ。

（2）摩擦音（마찰음）：摩擦音又名擦音。发音时主动器官接触或靠近被动发音器官形成一条缝隙，软腭上升，堵住鼻腔的通路，气流从这个缝隙中挤出而摩擦成声。韩国语中属于这类的音素有 3 个，即ㅅ，ㅆ，ㅎ。

（3）破擦音（파찰음）：破擦音又名塞擦音。发音时，软腭上升，堵住鼻腔的通路，然后气流把阻塞部位冲开一条窄缝，从窄缝中挤出，摩擦成声。先破裂，后摩擦，然后结合成一个音。就是说塞擦音的前一半是塞音，后一半是擦音，前后两半结合紧密，成为一个语音单位，即一个辅音。属于这类音的韩国语音素有 3 个，即ㅈ，ㅊ，ㅉ。

（4）鼻音（비음）：发音时，口腔中的发音部位完全闭塞，软腭下降，打开鼻腔通路，气流震动声带，从鼻腔通过发音成声。属于这类的辅音有 3 个，即ㅁ，ㄴ，ㅇ。

（5）流音（유음）：流音又称闪音。发音时，软腭下垂，打开通往鼻腔的通路，舌尖抵住上齿龈，使气流从舌头两边的缝隙中流出来。在韩国语中只有"ㄹ"一个流音。

2. 按照发音时声带振动与否，可以把辅音分成清音（안울림소리）和浊音（울림소리）。韩国语的浊音音素比较少，只有"ㄴ，ㅁ，ㄹ，ㅇ"4个，其他辅音均属清音。

3. 按照发音时气流的强弱，韩国语的辅音分为平音（평음）、硬音（경음）和激音（격음），平音又称为松音（예사소리），硬音又称为紧音（된소리），也作紧喉音，而激音则被称为送气音（거센소리或유기음）。其中，松音与紧音均属不送气音（무기음）范畴。

（四）韩国语的收音及其分类

韩国语的音节中，在元音后面收尾的辅音叫做收音，也叫做辅音韵尾，如"책"的"ㄱ"，"만나다"的"ㄴ"等。韵尾可作如下分类。

单韵尾 (홑받침)	ㄱ ㄴ ㄷ ㄹ ㅁ ㅂ ㅅ ㅇ ㅈ ㅊ ㅋ ㅌ ㅍ ㅎ ㄲ ㅆ	16个
双韵尾 (겹받침)	ㄳ ㄺ ㄵ ㄶ ㄽ ㄾ ㅀ ㄻ ㅄ ㄼ ㄿ	11个

韩国语各个韵尾具体发音如下表：

韵　　尾	发　　音
ㄱ ㄲ ㅋ ㄳ ㄺ	ㄱ [-k]
ㄴ ㄵ ㄶ	ㄴ [-n]
ㄷ ㅌ ㅅ ㅆ ㅈ ㅊ ㅎ	ㄷ [-t]
ㄹ ㄽ ㄼ ㄾ ㅀ	ㄹ [-l]

韵　尾	发　音
ㅁ ㄻ	ㅁ [-m]
ㅂ ㅍ ㅄ ㄿ	ㅂ [-p]
ㅇ	ㅇ [-ŋ]

二、音韵变化（음운의 변화）

韩国语的每个辅音和元音都有自己的音值。但是在语流中，有些音素因为受到前面或后面音素的影响，或变成另外一个音，或不再发声，或添加某些音，这种现象即为语音的变化。

（一）连音现象（연음현상）

韩国语的韵尾（除ㅇ，ㅎ外），在与后面的元音相连时，韵尾移到后面的音节上，与之拼成一个音节，这一现象叫做连音现象。如：

독일(德国)→[도길]

잡다(抓)→잡 + 아요→[자바요]

먹어요(吃吧)→[머거요]

박물관이에요(是博物馆)→[방물과니에요]

뽑다(选拔)→뽑 + 아야→[뽀바야]

（二）紧音化现象（된소리화현상）

1. 韵尾"ㄱ（ㄲ，ㅋ，ㄳ，ㄺ），ㄷ（ㅅ，ㅆ，ㅈ，ㅊ，ㅌ），ㅂ（ㅍ，ㄼ，ㄿ，ㅄ）"与辅音"ㄱ，ㄷ，ㅂ，ㅅ，ㅈ"相连时，"ㄱ，ㄷ，ㅂ，ㅅ，ㅈ"分别发成紧音"ㄲ，ㄸ，ㅃ，ㅆ，ㅉ"。如：

국가(国家)→[국까]　　　빗자루(扫帚)→[빋짜루]
곧장(立刻)→[곧짱]　　　바닷가(海边)→[바닫까]
쫓다(追赶)→[쫃따]　　　읊다(吟咏)→[읍따]
삯돈(工钱)→[삭똔]　　　값지다(值钱)→[갑찌다]

2. 韵尾"ㄴ（ㄵ），ㅁ（ㄻ）"与以辅音"ㄱ，ㄷ，ㅈ"为首的语尾相连时，辅音"ㄱ，ㄷ，ㅈ"分别发成紧音"ㄲ，ㄸ，ㅉ"。如：

앉다(坐)→[안따] 삼(当作)고→[삼꼬] 젊(年轻)지→[점찌]

3. 在汉字词中，韵尾"ㄹ"后面的辅音"ㄱ，ㄷ，ㅂ，ㅅ，ㅈ"分别发成紧音"ㄲ，ㄸ，ㅃ，ㅆ，ㅉ"。如：

발동(发动)→[발똥]　　　절도(盗窃)→[절또]
물질(物质)→[물찔]　　　달성（达成)→[달썽]

4. 定语形词尾"-ㄹ/-을"与辅音"ㄱ，ㄷ，ㅂ，ㅅ，ㅈ"相连时，辅音"ㄱ，ㄷ，ㅂ，ㅅ，ㅈ"分别发成紧音"ㄲ，ㄸ，ㅃ，ㅆ，ㅉ"。如：

볼 것을→[볼 꺼슬]　　　없을 데가→[업슬 떼가]
다녀올 데가→[다녀올 떼가] 할 적에→[할 쩌게]

씻을 바를→[씨슬 빠를]　　갈 수는→[갈 쑤는]

(三) 辅音同化现象 (자음동화현상)

语流中相连的辅音,为了互相适应而产生的音变叫做辅音同化。按照互相影响的语音音素是否变得完全相同,分为完全同化和部分同化;按照互相影响的音素是否相邻,分为近接同化和远接同化;按照影响某音发生变化的邻音的位置,分为顺行同化和逆行同化。其中近接同化和逆行同化较为多见。

1. 发[ㄱ]音的辅音韵尾"ㄱ,ㄲ,ㅋ,ㄺ"与后边浊辅音"ㄴ,ㄹ,ㅁ"相连时,"ㄱ"音变成鼻音"ㅇ",这是近接同化,同时也是逆行同化。如:

읽는다→[잉는다]　　무럭무럭→[무렁무럭]
깎는다→[깡는다]　　한국말→[한궁말]

2. 发"ㄷ"音的辅音韵尾"ㄷ,ㅌ,ㅅ,ㅆ,ㅈ,ㅊ,(ㅎ)"与后边的响音辅音"ㄴ,ㄹ,ㅁ"相连时,"ㄷ"音变成鼻音"ㄴ",这是近接同化,同时也是逆行同化。如:

받는다→[반는다]　끝난다→[끈난다]　낮마다→[난마다]

3. 发"ㅂ"音的辅音韵尾"ㅂ,ㅍ,ㅄ,ㄼ,ㄿ"与后边的浊音辅音"ㄴ,ㄹ,ㅁ"相连时,"ㅂ"音变成鼻音"ㅁ",这是近接同化,同时也是逆行同化。如:

십만(十万)→[심만]　　　앞마당(前院)→[암마당]

값만→[감만]　　　　　밟는데→[밤는데]

4. 辅音"ㄴ"和"ㄹ"或"ㄹ"和"ㄴ"相连时，部分"ㄴ"变成"ㄹ"，还有一些是"ㄹ"变成"ㄴ"，这是近接同化。如：

ㄱ. 천리(千里)→[철리]　　　편리하다(便利)→[펼리하다]

ㄴ. 결단력(决断力)→[결딴녁]　횡단로(人行横道)→[횡단노]

5. 辅音"ㄹ"在韵尾"ㅁ，ㅇ"和"ㄱ，ㅂ"后面变为"ㄴ"，"ㄹ"在韵尾"ㅁ，ㅇ"后面变成"ㄴ"，这是顺行同化。而"ㄹ"在韵尾"ㄱ，ㅂ"后面变"ㄴ"，是相互同化。如：

침략(侵略)→[침냑]　　　금리(利息)→[금니]

함락(陷落)→[함낙]　　　점령(占领)→[점녕]

합리(合理)→[함니]　　　국립(国立)→[궁닙]

（四）送气音化（격음화현상）

松音"ㄱ，ㄷ，ㅂ，ㅈ"和喉音"ㅎ"相连时，松音"ㄱ，ㄷ，ㅂ，ㅈ"变成"ㅋ，ㅌ，ㅍ，ㅊ"。如：

좋다(好)→[조타]　　　입히다(被穿)→[이피다]

옳고(对)→[올코]　　　먹히다(被吃掉)→[머키다]

（五）腭化（구개음화현상）

腭化是指发辅音时舌面中部向硬腭抬高的补充发音动作。

韩国语里辅音"ㄷ，ㅌ"在舌面前高元音上 [i]（元音"이"）或舌中擦音 [j]（半元音"이"）构成的词尾或后缀前面时，腭化为"ㅈ，ㅊ"。另外，用做韵尾的辅音"ㄷ"和"히"相连时，"ㄷ"首先出现送气音化现象，变成"ㅌ"，再与"이"进行腭化。如：

묻히다(被埋葬)→[무치다]　　낱낱이(一个个)→[난나치]
닫히다(被关)→[다치다]　　해돋이(日出)→[해도지]
여닫이(拉门)→[여다지]　　굳이(坚决，非要)→[구지]
바깥+이→바깥이(外面)→[바까치]
햇볕+이→햇볕이(阳光)→[핻뼈치]

（六）音的缩略、脱落和添加音现象
（생략，탈락 및 사잇소리 현상）

1. 韩国语中，部分音有缩略或脱落的现象。如：

쓰어라→써라　　보아라→봐라
푸어서→퍼서　　아들+님→아드님

2. 在部分合成词中，还有添加音现象。所谓添加音现象（사잇소리현상），就是指在合成词中，当前一语素（韩国语中称为形态素，在第三章中有详解，这里暂且遵从汉语的习惯说法，以便于理解）的最后音节为开音节时，添加韵尾"ㅅ"。如：해+빛→햇빛，초+불→촛불。当前面的语素的最后音节为开音节或辅音韵尾"ㄴ，ㄹ，ㅁ，ㅇ"，而后面的语素的头音为松音时，后面的松音变为紧音。如：

해+빛→햇빛(阳光)→[핻뻳]　　츳+불→촛불(烛火)→[촌뿔]

창+가→창가(窗边)→[창까]　　길+가→길가(路边)→[길까]

배+사공→뱃사공(艄公)→[밷싸공]

바다+가→바닷가(海边)→[바닫까]

另外，产生添加音现象时也有一些例外现象，如下列合成名词里就没有添加音现象。如：

기와+집→기와집(瓦房)　　콩+밥→콩밥(豆饭)

나무+집→나무집(木房子)　　밤+송이→밤송이(栗子)

在合成名词里，后面的语素以元音"ㅑ，ㅕ，ㅛ，ㅠ"开头时，中间添加"ㄴ"音。如：

내복+약→내복약(内服药)→[내봉냑]

식용+유→식용뉴(食用油)→[시공뉴]

색+연필→색연필(彩色铅笔)→[생년필]

（七）头音规则（두음법칙）

韩国语单词头一个音素的标记要遵循一定的规则，叫头音规则，分为以下几种情况。

1."ㄴ"的头音规则及使用范围

（1）"ㄴ"的头音规则

除了一些诸如"남남이，남남거리다"等拟声词之外，"ㄴ"在与"ㅑ，ㅕ，ㅛ，ㅠ，ㅖ，ㅒ，ㅣ"结合时，都要脱落，这就是

"ㄴ"的头音规则。在以上几个元音之前，"ㄴ"转成"ㅇ"，最终变成"야，여，요，유，예，애，이"。如：

여자(←녀자 女子)　　　연세(←년세 年纪)

（2）适用范围

① 在汉字词合成词中，第二个语素的第一个音节要遵循"ㄴ"的头音规则。同时在发音时会出现添加音现象。如：

신여성(新女性) [신녀성]　　　공염불(空念佛) [공념불]
남존여비(男尊女卑) [남존녀비]

② 依存名词"냥(两)，냥쭝(两重)，년(年)，녀석(家伙)，년（女子的卑称），닢（枚）"和接尾词"-님"则不遵循"ㄴ"的头音规则。如：

열 냥(十两)　　　몇 년(几年)　　　선생님(老师)
동전 한 닢(一枚硬币)

2."ㄹ"的头音规则及使用范围

（1）"ㄹ"的头音规则

① 在韩国语中，辅音"ㄹ"不可以出现在第一音节。因而在汉字词中，头音"ㄹ"将发"ㄴ"的音，在拼写时，也要求按照读音来书写。这就是辅音"ㄹ"的头音规则。如：

내일(←래일 明天) 낙원(←락원 乐园) 노인(←로인 老人)

② "ㄹ"在与"ㅑ, ㅕ, ㅛ, ㅠ, ㅖ, ㅒ, ㅣ"结合时，根据"ㄹ"的头音规则，将"ㄹ"转成"ㄴ"，再根据"ㄴ"的头音规则脱落，最终变成"야, 여, 요, 유, 예, 애, 이"。如：

양심(←량심 良心)　　역사(←력사 历史)

용궁(←룡궁 龙宫)　　이발(←리발 理发)

요리(←료리 料理)　　예의(←례의 礼仪)

（2）适用范围

① 在元音或韵尾为"ㄴ"的音节后，"렬, 률"要转成"열, 율"，在其他韵尾后则不变。如：

나열(罗列)　　비열(卑劣)　　비율(比率)

선열(先烈)　　진열(陈列)　　백분율(百分率)

맹렬히(猛烈)　　쌍룡(双龙)　　확률(确率)

② 在合成词中，若第二个音节的头音为"ㄹ"，其变化遵循"ㄹ"的头音规则。如：

중노동(重劳动)　　비논리적(非逻辑的)

연이율(年利率)　　해외여행(海外旅行)

③ "ㄹ"的头音规则同样适用于由两个以上单词构成的专有名词，但不适用于专有名词的缩略语。如：

국제연합회(国际联合会)　　서울여관(首尔旅馆)

국련(国际联合)　　대한교련(大韩教育联合会)

④ 在下列依存名词中，不适用 "ㄹ" 的头音规则。

리 (里)：몇 리냐?　　　리 (理)：그럴 리가 없다.
량 (辆)：객차 12량　　　리 (厘)：2푼 5리

⑤ 在接于姓氏后、以 "ㄹ" 开头的尊称称呼中，其变化要遵循 "ㄹ" 的头音规则，但不适用于那些固定成形的称呼中。如：

이내 (李来) [이내]　　　최노 (崔老) [최노]
채륜 (蔡伦) [채륜]　　　최린 (崔麟) [최린]

⑥ 与 "ㄴ" 的头音规则一样， "ㄹ" 的头音规则也不适用于外来语词汇。如：

라디오 (收音机) [라디오]
원룸 하우스 (一室住房) [월룸 하우스]
레코드 (记录，唱片) [레코드]

三、韩国语的超音段音位
(한국어의 초분절음소)

超音段音位（초분절음소）是指除了元音、辅音这类音段音位外，还有其他一些从音长、音高、音强等音位的韵律性特征（운율적 자질）方面划分的区别语义的语音手段，也被称为韵素（운소）或副次音素（부차음소）。

在语言学中，元音和辅音通常是区别性特征的集合。与此相反，韵律性特征主要是将元音的高低、长短、强弱这些特征附加在既成音节中。

韩国语中常见的超音段音位有：音长位、重音（包括逻辑重音）、声调、语调等。

（一）音长位 (장단음)

音长位与音长有关，以音的延续时间的长短来区别意义，又称时位。在韩国语中，元音、辅音都有长短音现象，但在元音中表现得尤为明显。由于音的长短会引起意义上的差异，所以它在韩国语发音中占有重要地位，但这种长短差异也是相对而言的。因此，理解时应多加注意。

长短音现象只存在于固有词和汉字词中。通常这种现象倾向于第一个音节长音化，而第二音节以后则是短音；但少数情况也会出现在非第一音节上。如：

> 시험을 치기 전에 영애는 매일 밤늦게까지 공부한다.
> 考试前英爱每天都学到很晚。
> 영애는 밤ː을 아주 좋아한다.
> 英爱很喜欢吃板栗。
> 영애는 주말마다 거리에 나와 구경하곤 한다.
> 英爱每个周末都去逛街。
> 시청은 거ː리가 멀어서 버스를 타고 가야죠.
> 市政府很远，得坐车去呢。

눈에 띄는 것은 눈ː으로 단장한 흰 세계밖에 없다.
映入眼帘的只有一片银装素裹的世界。

수업에 빠지면 선생님한테서 벌을 받게 될 거야.
逃课的话，会受到老师处罚的。

어제 벌ː에게 발등을 쏘였다.
昨天蜜蜂把脚背叮了一下。

가정은 여자에게 있어서 중요하다.
家庭对女人来说很重要。

철수가 영애의 스마트폰을 훔쳤다고 가정ː하자.
（我们）假设是哲洙偷了英爱的智能手机。

말이 어떻게 인간처럼 말ː을 할 수 있겠어?
马怎么可能像人类一样说话呢?

비가 오니까 어서 빨래를 걷어.
下雨了，赶快收衣服。

빨리 걷ː지, 늦겠어.
得快点儿走，要晚了。

일하던 김씨는 김ː밥을 먹고 있다.
小金停下手中的活儿，吃起紫菜饭卷来。

소풍 가는 날 아침 눈을 떠 보니 엄마는 이른 아침부터 일어나셔서 김밥을 둘둘 말아 도시락을 싸 주셨다.
在去郊游的早上睁开眼睛，发现妈妈已经早早起床，做了紫菜饭卷，准备好了便当。

떠들지 말ː고 어서 밥 먹어.
别吵了，赶快吃饭。

由长短音所引起的单词意义上的变化如下所示:

달다:(烫) —달다(悬挂)　　장수:(将帅)—장수(小贩)
부동:(浮动)—부동(不同)　　시장:(市场)—시장(柴场)
산미:(产米)—산미(山味)　　임시:(壬时)—임시(临时)
자문:(刺文)—자문(自刎)　　자미:(紫薇)—자미(滋味)
자명:(籍名)—자명(自名)　　정남:(正南)—정남(正男)
정념:(正念)—정념(情念,　　자금:(资金)—자금(自今,
　　　　　　　　情思)　　　　　　　　从现在开始)

一般来说，单词的音长在老年人的话语中体现得较为明显，但在年轻人中，很大一部分已经很难区分了。对于非母语的学习者来说，稍微了解一下韩国语的长短音现象即可。

(二) 重音 (소리의 강세)

从物理学上讲，声音的强弱由单位时间内音波振动幅度的大小决定，振幅越大，声音越强。嗓音的强弱由发音时用力程度和气流量的大小决定，用力大则气流量大，声音就强，由此形成重音。

重音在韩国语中的作用与英语不同，它并不是一种区别意义的手段。英语"increase（增加）"，若重音位于第一音节，是名词；若重音位于第二音节，则为动词。但韩国语"학교"，无论重音位于哪一个音节，它的词义和词性都不会发生变化。需要指出的是，韩国语中的大多数多音节词往往都有重音出现，并有以下几个特征：

第一，在双音节词或三音节词中，重音主要位于第一音节。

第二，在某些三音节词中，重音也会落在第二音节上。

第三，四音节或四音节以上的词中，重音一般位于第二音节上。用数字表示，示例如下（"1"表示最强，"2、3、4"依次递减）：

　1 2　　　　　　　1 2 3　　　　　　1 2 3 4
학교(学校)　　　꾀꼬리(黄鹂)　　영화배우(电影演员)
　2 1 3　　　　　　2 1 3　　　　　　2 1 3
걸음마(小孩的步伐)　장아찌(碎咸菜)　보름달(十五的月亮)
　2 1 3 4　　　　　2 1 3 4
아름답다(美丽)　　부끄럽다(害羞)

（三）逻辑重音（문장 악센트）

韩国语的重音和英语的重音不同，它是出现在一句话的某些特定的单词上。而这个词同其他成分的区分并不是很明显，只是根据说话人说话时的态度和所要强调的重点不同而发生变化。这种情况下的重音，在语言学中被称作逻辑重音。以下打"'"的词为逻辑重音。

'사람은 '밥을 먹고 '삽니다.
'사람은 밥을 '먹고 '삽니다.
民以食为天。
'저기 가서 그 '앨 데리고 오십시오.
'저기 가서 그 앨 '데리고 오십시오.
请到那边把孩子带过来。

（四）声调（성조）

声音的高低由声带在单位时间内振动的次数而定，次数越多，声音就越高。在声调语言中，声调作为一种辨义手段具有重要意义。

在现代标准韩国语中，声调同重音一样，并不具有区分意义的作用。但庆尚道地区的方言却属于声调语言，可以依据声调来区分意义。但是也不能机械地将声调作为一种衡量标准，要将前后音节进行比较后才能确定。如前所述，单音节词在独立发音时，难以判断其意义。例如，韩国语中的"말"，就有"话语、斗、马"三种意义，虽然有的方言有声调的区别，但它在独立发音时，很难看出其所指含义。若在其后添加具有声调的要素或平调的主格助词"-이"，以此形成对比，就可以发现其含义。

庆尚道方言的声调（H：高调　M：中调　L：低调）

实际发音声调	主格助词'-이'的声调	经比较后得出的各词声调
말이(LM)	M	话语　Low（低）
말이(MM)	M	斗　Mid（中）
말이(HM)	M	马　High（高）

四、语　调（억양）

韩国语的句末语调基本上有四种：上升调、下降调、水平调、降升调。

在发声时，声音的高低与声带振动的频率有关。振动频率高，音调上升,就形成高音;振动频率低,音调下降,就形成低音。在现代韩国语中,一个音节上的高低音已逐渐消失,取而代之的是句子整体语调的升降。

在句末,语调的升降能够反映出话者的心理。一般而言,在回答做决定、决断或指使、劝阻的情况下,句末语调下降;在回答"是"或"不是"的疑问句中,句末语调上升;在要求回答具体内容的疑问句中,句末语调多数是下降调。因此,语调的升降用图表示主要有三种,即上升调(↗),下降调(↘),水平调(→)。另外,还有一种特殊的语调,它是由下降调和上升调复合而成的降升调(✓)。

(一)上升调 (상승조)

1. 疑问句中

(1)句中没有疑问词时,句末语气明显上升。各阶称语尾均是如此。如:

(해라체) 이곳이 도서관이야?↗

　　　　 这里是图书馆吗?

　　　　 내일 시장에 가냐?↗

　　　　 明天去市场吗?

(해 체) 이곳이 도서관이야?↗

　　　　 내일 시장에 가?↗

(해요체) 이곳이 도서관이에요?↗

　　　　 내일 시장에 가요?↗

(합쇼체) 이곳이 도서관입니까?↗

　　　　내일 시장에 갑니까? ↗

（2）句中虽有疑问词，但并不强调疑问词，疑问的重点在动作时，句末用上升调。如：

왜 대답 안 해? ↗
怎么不回答?
누굴 찾으세요? ↗
找谁吗?

这两句话不是注重"왜""누구"，而是意在询问"하는지""찾는지"的意思。又如：

누굴 좋아하나? ↗
喜欢上谁了?
무슨 일이 있니? ↗
有什么事吗?
어떤 비행기가 옵니까? ↗
什么飞机飞来了?

以上句子也用了上升调，其用意也不是强调疑问词。

2. 斥责或抗议，命令时也用上升调。如：

뭐하고 수업을 안 해? ↗
你在做什么? 怎么不去上课?
나중에 수업 빠지지 마. ↗

以后不准再逃课了！

3. 在二者选其一或要求回答其一时，先上升后下降。如：

이 책은 영애의 거야?↗철수의 거야?↘

这书是英爱的，还是哲洙的？

이것은 설탕입니까?↗소금입니까?↘

这是糖还是盐？

4. 连续发问的疑问句中，前面发问皆用上升调，最后一个疑问用下降调。如：

누가 말하더냐?↗

（你听到）谁说的？

누구하고 말하더냐↗?

和谁说的？

언제 말하더냐?↗

什么时候说的？

무엇을 말하더냐?↘

都说什么了？

在表示疑问的语法范畴中，一般可以用"活用语尾"来表示，但如果"活用语尾"不能很明显地发挥其功能时，语调可用来表示语法的意义。如：

너는 에어팟을 샀느냐?↗

你买了苹果的无线蓝牙耳机吗？

以上用"너는 에어팟을 샀느냐"其词尾就可表示疑问,而"너는 에어팟 샀어"无法确定是否表示疑问,此时用上升调再加上疑问符号"?"就清楚了。即:

너는 에어팟을 샀어? ↗
你买了苹果的无线蓝牙耳机吗?

(二)下降调(하강조)

1. 叙述句中,用缓弱的下降调。各阶称语尾均是如此。如:

(해라체) 이곳은 우리 학교다. ↘
　　　　 这是我们学校。
　　　　 봄이 온다. ↘
　　　　 春天来了。　　(以下各句译文同)
(해　체) 이곳은 우리 학교야. ↘
　　　　 봄이 와. ↘
(해요체) 이곳은 우리 학교예요. ↘
　　　　 봄이 와요. ↘
(합쇼체) 이곳은 우리 학교입니다. ↘
　　　　 봄이 옵니다. ↘

2. 以肯定的语气告知某件事,或肯定命令时,多用急速的下降调。如:

이것은 틀림없이 영애 계집애의 잘못이다. ↘
这肯定是英爱那丫头的错。

빨리 가라！↘

快去！

안 된다면 안 돼！↘

说不行就不行！

3. 强调疑问词的疑问句也用下降调。如：

누나는 언제 돌아옵니까？↘

姐姐什么时候回来？

어디 가？↘

去哪儿啊？

무슨 색깔 좋아하냐？↘

你喜欢什么颜色？

뭘 삽니까？↘

您想买点什么？

지금 몇시예요？↘

现在几点了？

돈 없으면 어떡해？↘

没有钱，怎么办？

어느 남자가 더 멋질까？↘

哪个男生更帅呢？

어느 쪽으로 가면 좋을까？↘

到底该走哪一边好呢？

둘이 왜 헤어졌어？↘

你们俩为什么分手了？

（三）水平调 (수평조)

1. 说话者不期望对方回答时，句末用水平调。如：

안녕하세요→你好。

2. 当连续叙述，分段结尾处用水平调，句末用下降调。如：

여기는 교실이고→저기는 사무실이며→거기는 화장실이다.↘
这是教室，那儿是办公室，那边儿是洗手间。
거리 구경하고→영화도 본다.↘
逛了街，又看了电影。
숙제를 다 하고→ 보니→ 열두 시가 다 되었다.↘
做完作业一看已经十二点了。

（四）降升调

劝诱句末尾常用降升调"✓"表示。各阶称语尾均如此。如：
(해라체) 빨리 먹자. ✓
        快点吃吧。
        우리와 같이 하자. ✓
        和我们一起做吧。
(해　체) 빨리 먹어. ✓
        우리와 같이 해. ✓
(해요체) 빨리 먹어요. ✓
        快点吃啊。

아버지, 우리와 같이 하세요. ✓
爸爸，和我们一起干吧。
(합쇼체) 어서 드세요. ✓
快请吃吧。
우리와 같이 합시다. ✓
我们一起干吧。

　　劝诱句主要是表示邀请对方与自己一起行动的语气，所以有感情因素存在，音调也发生高低转换。一般先用下降调再连接上升调，即采用先以缓弱的语气请求，再以上升调询问对方是否应允的语调结构。

第三章 语法论（문법론）

韩国语语法论是对韩国语的单词和句子的构成规则进行研究的韩国语语言学的一个部分，具体可分为形态论（형태론）和统辞论（통사론）两部分。对由形态素构成单词的原理进行研究的理论叫做形态论，对句子的构成原理进行研究的理论叫做统辞论。汉语语法中分别称之为词法和句法。

一、形态论（형태론，词法）

（一）形态素（형태소）

1. 形态素的概念（형태소의 개념）

形态素是具有一定意义的最小的语言单位。这里的"意义"不仅指词汇上的"意义"，也指语法上的"意义"。因此，形态素也可以说是语法单位中最小的单位，汉语语法中称之为语素。如：

그 사람이 사과를 다 먹었다.

那个人把苹果全吃了。

上例由 "그, 사람, 이, 사과, 를, 다, 먹-, -었-, -다" 九个形态素构成, 其中助词 "이, 를" 和词尾 "-었-, -다" 等体现的是语法上的意义, "그, 사람, 사과" 表示词汇意义。如果继续分割的话, 它们就不再具有任何意义了。如, "사람" 分割成 "사" 和 "람" 本身并没有任何意义, 只有合在一起才表示 "人" 的意思, 因此, "사" 和 "람" 本身并不是形态素, "사람" 合在一起才表示一个形态素。

2. 形态素的种类 (형태소의 종류)

(1) 依存形态素和独立形态素 (의존 형태소와 자립 형태소)

① 依存形态素是指不能单独作单词用的形态素, 它必须与一个或几个其他形态素连用。如:

ㄱ. 아이들은 밥을 먹었다.
　　孩子们吃过饭了。

ㄴ. 맨손으로 무엇을 할 수 있겠니?
　　赤手空拳能有什么作为?

例 "ㄱ" 中的 "-들, -은, -을, 먹-, -었-, -다", 例 "ㄴ" 中的 "맨-, -으로, -을, 하-, -ㄹ, 있-, -겠-, -니" 等都是依存形态素。

韩国语中的依存形态素一般包括接头词、接尾词、谓词词干、词尾等。

② 独立形态素是指能够单独形成单词的形态素。上面例 "ㄱ" 中的 "아이, 밥", 例 "ㄴ" 中的 "손, 무엇" 等都属于独

立形态素。

（2）实质形态素和形式形态素（실질 형태소와 형식 형태소）

① 实质形态素是具有词汇意义的形态素，又称作实词（실사）、内容形态素（내용 형태소）或词汇形态素（어휘 형태소）。实质形态素既可以是独立形态素，也可以是依存形态素。例如：实质形态素"코（鼻子），밥（饭），몸（身体），아주（非常）"等是独立形态素；而"먹-，읽-，크-"等则是依存形态素。

② 形式形态素是接于实质形态素之后表示语法关系的形态素，又称作虚词（허사）、功能形态素（기능 형태소）或语法形态素（문법 형태소）。形式形态素都是依存形态素。如："먹어라, 먹으면, 먹으니, 먹은, 먹이다, 갖추다, 많이, 부지런히"等中的"-어라, -으면, -으니, -은, -이, -추, -이, -히, -다"等都是形式形态素。另外，助词"가/이, 를/을, 에게, 은/는, 까지, 도……"等也属于形式形态素。

3. 变异形态（변이형태）

形态素不是总以一种形式出现，有时根据环境的变化，形态素的发音和形式也会发生变化，这种现象叫做变异形态。比如："듣는다（听）"中的"듣-"，在"듣고, 듣지"中写作[듣-]，但在"들어라"中却写作[들-]，而在"듣는다"中的发音为[든]。所以，同一个形态素"듣-"，根据其后面音节的不同，会有[듣-, 들-, 든-]三种变异形态。

4. 形态素的识别法（형태소의 식별법）

形态素可以根据代替（대치）和插入（삽입）的方法对其进行

识别。

（1）代替法（대치법）

代替法是指一个形态素可以用与其具有相同性质的其他语言单位代替。如：

저 녀석이 사과를 모두 먹었다.
那家伙把苹果全吃了。

例句中的"저"可以由冠词"이"或"그"来代替，由此可以判定"저"是一个形态素。"녀석이"中的"녀석"可以由"아이（孩子），소년（少年），남자（男人），여자（女人）"等来代替；"이"可以由助词"은，도"等来代替。因此，可以判定"녀석"和"이"也是形态素。同样，"사과"可以由"바나나（香蕉），밥（饭），빵（面包），떡（糕），밤（栗子），귤（橘子）"等来代替；"-를"可以由"는，도，마저"等来代替；"먹-"可以由"사-，팔-，버리-"等来代替；"-었-"可以由"-겠-"来代替；"-다"可以由"-어，-지，-느냐，-구나"等来代替；"모두"可以由"전부（全部），다（全都），약간（一些），조금（一点儿）"等来代替。因此，"사과，를，먹-，-었-，-다，모두"等也都是形态素。

（2）插入法（삽입법）

插入法是指某些形态素之间可以插入别的形态素。这时，结合在一起的形态素之间的关系叫统合关系（통합관계）。上例中的"녀석"和"이"中间就可以插入"-만"，而"먹다"两音节间可以插入"-었-，-겠-，-(으)시"等。因此，可以判定能插于其他形态素

间的"-만，-었-，-겠-，-(으)시"等也是形态素。

（二）单词（단어）

1. 单词的定义（단어의 정의）

单词是由一个或一个以上的形态素构成、能够独立运用的最小的语言单位。如：

사람（人），나（我），매우（很）

2. 单词的构造（단어의 구조）

(1) 词根和接头词、接尾词（어근과 접두사, 접미사）

① 词根：一个单词里表示实际意义的、核心部分的形态素。如：词根"아들（儿子）"可构成"맏아들（长子），양아들（养子），아드님（令郎）"，"흔들다"（摇动）可构成"뒤흔들다（猛摇），흔들거리다（摇摇晃晃）"。

② 接头词：附加于词根前，构成新词的形态素。接头词只起限制词根的作用，不能改变词性。如："애호박（小南瓜），짓밟다（践踏），새파랗다（深蓝），맨처음（最初）"。

③ 接尾词：附加于词根后，构成新词的形态素。接尾词不仅起限制词根的作用，而且有的接尾词还可以改变词性。如："장난꾸러기（淘气鬼），깨뜨리다（砸碎），사랑스럽다（可爱），마음껏（尽情），쓰기（写），철렁거리다（荡漾）"。

(2) 词干（어간）和词尾（어미）

① 词干：谓词活用时不变的部分，通常由词根或词根与接头词、接尾词组成。如："되걸리"다，"오"다，"출렁거리"다（以上

引号内为词干)。

② 词尾

★ 词尾的定义 (어미의 정의)

词尾是与词干相对而言的,是接于词干后的可变要素。同一个词在实际语言中,随着该词在句子中所起的作用不同,而呈现不同的形态。如:

ㄱ. 비가 온다.

　下雨。(简体)

ㄴ. 비가 옵니다.

　下雨。(敬体)

ㄷ. 비가 옵니까?

　下雨吗?(敬体)

ㄹ. 비가 오는가?

　下雨吗?(简体)

ㅁ. 비가 오고 바람이 분다.

　刮风下雨。(简体)

ㅅ. 비가 오면 가지 말라.

　下雨的话就别去。(简体)

ㅇ. 비가 와서 가지 못했다.

　因为下雨没能去。(简体)

以上例句中的"-ㄴ다,-ㅂ니다,-ㅂ니까,-는가,-고,-면,-아서"均为接在"오다"词干后的不同词尾。

★ 词尾的分类（어미의 분류）

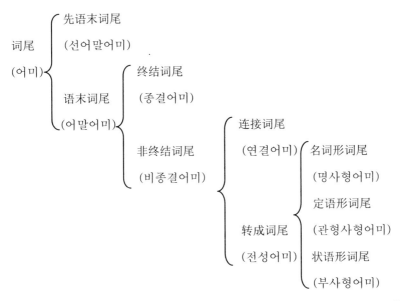

语末词尾是用来结束一个单词或句子的词尾；先语末词尾是接在词干之后，并与语末词尾结合使用的词尾。例如："뛰는, 뛰고, 뛰면, 뛰어라, 뛴다"中的"-는, -고, -면, -어라, -ㄴ다"等是语末词尾；"뛰었다, 뛰겠다, 뛰더라, 뛰신다"中的"-었-, -겠-, -더-, -시-"等是先语末词尾。

根据语末词尾能否结束一个句子，又可将其分为终结词尾和非终结词尾。如："뛴다, 뛰어라, 뛰게, 뛰세, 뛰자, 뜁니다"中的"-ㄴ다, -어라, -게, -세, -자, -ㅂ니다"是终结词尾，而"뛰면, 뛰는"中的"-면, -는"则是非终结词尾。对非终结词尾进行细分，又可分为连接词尾和转成词尾。连接词尾是连接两个句子的词尾，例如下列句子"ㄱ"，"ㄴ"中的"-고, -니"。转成词

尾是使谓词充当名词、冠词、副词等作用的词尾，包括名词形词尾（例"ㄷ"中的-기），定语形词尾（例"ㄹ"中的-는），状语形词尾（例"ㅁ"中的-도록）等。如：

ㄱ. 드디어 겨울이 가<u>고</u> 봄이 왔다.
　　终于，冬天过去，春天来了。
ㄴ. 날씨가 선선해지<u>니</u> 역시 책이 잘 읽힌다.
　　天气渐渐凉快，可以好好看书了。
ㄷ. 부모는 누구나 자식들이 훌륭히 되<u>기</u>를 원한다.
　　每一位父母都希望自己的孩子能有出息。
ㄹ. 그의 웃<u>는</u> 모습이 보고 싶구나.
　　真想看他笑的样子。
ㅁ. 시원한 공기가 들어오<u>도록</u> 창문을 좀 열어라.
　　开点窗户透透新鲜空气。

3. 词性（품사）

可按形态、功能、意义对单词进行词性分类。

单词按其形态有无变化可分为不变化词和可变化词，这是词性分类的基础。例如下边"ㄱ"中的词在任何句子中都不产生变化，称为不变化词，而"ㄴ"中的词在句子中可发生变化，如"가다"可变成"가고, 가니, 가면, 가거라, 가자"等，故称为变化词。

ㄱ. 나무, 들, 당신, 누구, 모든, 매우, 가장
ㄴ. 가다, 오다, 곱다, 밝다, 아름답다, 착하다

单词按其语法功能可分为体词（체언）、谓词（용언）、修饰

词（수식언）、关系词（관계언）、独立词（독립언）五种。修饰词按功能又可分为冠词（관형사）和副词（부사）。

根据单词的意义，还可细分。体词包括名词（명사）、代词（대명사）、数词（수사），谓词包括动词（동사）、形容词（형용사），独立词为感叹词（감탄사），关系词为助词（조사）。这样，韩国语中有名词、代词、数词、动词、形容词、冠词、副词、助词、感叹词九种词性。其中动词、形容词、叙述格助词（"그는 학생이다."中的"이"）、一部分数词（"하나"变成"한"，"둘"变成"두"等）属于变化词；而名词、代词、冠词、副词、感叹词、叙述格以外的助词及多数数词属于不变化词。

词性分类（품사분류）

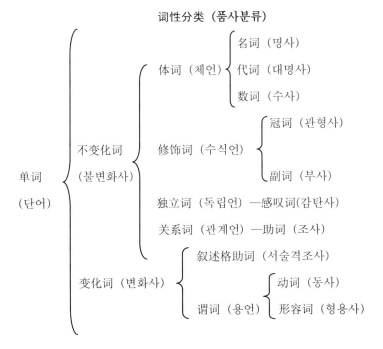

（1）名词（명사）

① 定义（정의）：名词是表示人、事物、地点及抽象概念的名称的词。如：

사람（人），집（家），중국（中国），이론（理论）

② 特点（특징）

★
名词可以接助词进行格的变化，在句子中表示一定的意义。如：

ㄱ. 철수야, 영희에게 물을 주어라.
　　哲洙，给英姬水吧。
ㄴ. 철수야, 나무에 물을 주어라.
　　哲洙，给树浇水吧。

例句中的"영희，나무"作为不同的名词，均须和助词结合，在句子中表示一定的意义。

★ 名词主要由冠词修饰。如：

ㄱ. (이, 그, 저, 매우) 꽃이 아름답다.
ㄴ. (이, 그, 저, 아주, 퍽) 부자가 반드시 행복한 것은
　　 아니다.

例"ㄱ"中的"이，그，저"是冠词，可以修饰名词"꽃"，但副词"매우"却不能修饰名词。例"ㄴ"中的副词"아주"可以修饰"부자"，但实际上是起到了类似冠词的作用。

★ 名词与助词结合后，可以在句子中作主语、谓语、宾语、补语、定语、状语、独立语等多种句子成分。如：

ㄱ. 비가 많이 왔다.

 雨下得很大。

ㄴ. 그는 차를 세웠다.

 他把车停了下来。

ㄷ. 나무가 바람에 쓰러졌다.

 树被风刮倒了。

ㄹ. 바람의 속도를 풍속이라고 한다.

 风的速度叫风速。

ㅁ. 이것은 큰 바람이 아니다.

 这不是大风。

ㅂ. 방금 얼굴을 스쳐간 것은 바람이다.

 刚才掠过脸的是风。

ㅅ. 바람아, 더욱 세차게 불어라.

 风啊！更猛烈地刮吧！

例句中的"비，차，바람"与助词结合后，分别作主语、宾语、状语、定语、补语、谓语、独立语。

★ 名词接复数接尾词"들"可变成复数。如：

학생들은 교실에서 공부하고 있다.

学生们正在教室里学习。

③ 分类（분류）

名词可按使用范围、独立性、感情、动作状态及具体、抽象情况等进行分类。列表如下：

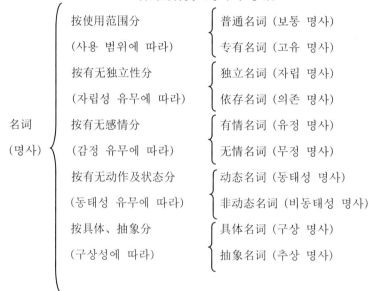

★ 按使用范围分（사용 범위에 따라）

a. 普通名词（보통 명사）：是指某一类人或事物、某一种物质或抽象概念的名称的词。具体可做以下分类：

- 动物名词(동물 명사)：개(狗)，새(鸟)，말(马)
- 人物名词(인간 명사)：사람(人)，남자(男)，여자(女)
- 团体名词(단체 명사)：회사(公司)，정부(政府)，팀(团队)
- 场所名词(장소 명사)：산(山)，집(家)，고향(故乡)
- 事项名词(사항 명사)：조건(条件)，사실(事实)，개념(概念)

- 位置名词(위치 명사)：앞(前)，뒤(后)，안쪽(里)
- 时间名词(시간 명사)：아침(早晨)，봄(春)，오늘(今天)
- 数量名词(수량 명사)：삼인분(三份)，천원(一千韩元)
- 物质名词(물질 명사)：물(水)，가스(瓦斯)，금(金)
- 具体名词(구상 명사)：사과(苹果)，책(书)，머리(头)
- 抽象名词(추상 명사)：슬픔(悲痛)，이상(理想)
- 性质名词(성질 명사)：건강(健康)，안전(安全)
- 活动名词(활동 명사)：계획(计划)，조심(小心)，시작(开始)
- 行为名词(행위 명사)：구경(观看)，쇼핑(购物)，유학(留学)
- 形容名词(형용 명사)：적극적(积极的)，압도적(压倒的)

b. 专有名词(고유 명사)：表示特定的人、团体、地方或事物名称的词。具体可做以下分类：

- 人名(사람 이름)：이승희(李承喜)，장화(张华)
- 山名(산 이름)：금강산(金刚山)
- 河名(강 이름)：한강(汉江)，대동강(大同江)
- 国名(나라 이름)：중국(中国)，한국(韩国)
- 城市名(도시 이름)：서울(首尔)，인천(仁川)
- 团体名(단체 이름)：서울대학교(首尔大学)，연세대학교(延世大学)
- 商店名(상점 이름)：삼성백화점(三星百货店)
- 节日名(명절 이름)：설(春节)，추석(中秋)

★ 按有无独立意义分（의미의 자립성의 유무에 따라）

a. 独立名词（자립 명사）：可以独立充当各种句子成分的名词。又可称作完全名词。如：

ㄱ. 나는 사과를 좋아한다.
　　我喜欢苹果。
ㄴ. 나는 큰 사과를 좋아한다.
　　我喜欢大苹果。

从例句中可以看出"사과"有无冠词均可成为句子的成分。

b. 依存名词（의존 명사）：不能独立使用，必须与修饰成分结合在一起使用的名词，又称作不完全名词。如：

ㄱ. (×) 나는 것을 좋아한다.
ㄴ. (○) 나는 익은 것을 좋아한다.
　　我喜欢熟的。

从例句中可以看出，依存名词"것"前面若无"익은"是不能构成句子成分的，必须与修饰它的定语"익은"结合，才能在句中表示一定的意义。

依存名词可做以下分类：

● 普遍性依存名词（보편성 의존명사）：可以接几种助词，分别在句子中作主语、谓语、宾语等。如：분, 이, 것, 데, 바……

ㄱ. 이것이 무엇입니까?
　　这是什么？

ㄴ. 그는 올 것이다.
　他会来的。
ㄷ. 나는 큰 것을 좋아한다.
　我喜欢大的。

● 主语性依存名词（주어성 의존 명사）：主要接主格助词充当主语。如：지，수，리，나위……

고향을 떠난 지 8년이 되었다.
离开故乡已经八年了。

● 叙述性依存名词（서술성 의존 명사）：只能在句子中接在定语后作谓语。如：따름，뿐，때문……

내가 가진 것은 이것 뿐이다.
我有的只是这个。

● 副词性依存名词（부사성 의존 명사）：起副词作用，在句子中作状语。如：양，척，체，둥，채……

사냥꾼은 그 멧돼지를 산 채로 잡았다.
猎人活捉了那头野猪。

● 单位性依存名词（단위성 의존 명사）：专门用以表示数量单位的量词，其功能与依存名词相似。因此，列入依存名词，其分类如下：

长度（길이）：자，치，푼，마，리，마장，발，뼘……

面积（넓이）：간，평，마지기，정보……

体积（부피）：섬，가마니，푸대，말，되，홉，통，동，이，잔，명，접시，그릇……

重量（무게）：양，돈，푼，근，관……

数额（액수）：양，돈，푼，리，전，원……

时间（시간）：시，분，초，월，연，세기……

事物数量（사물 수량）：개，날，손，꾸러기，점，바퀴，단，뭇，다발，자(字)，번(차，회)，판，건，지(종)，그루，포기，자루，켤레，채，대，척……

人的数量（사람 수량）：사람，쌍，분，명，인……

动物数量（동물 수량）：마리，필，쌍，두……

★ 按有无感情分（감정의 유무에 따라）

a. 有情名词（유정 명사）：具有感情的名词。如：

사람（人），어머니（妈妈）。此外，개（狗），말（马），원숭이（猴子），여우（狐狸）等也可以列为有情名词。

b. 无情名词（무정 명사）：不具有感情的名词。如：

길（路），돌（石头），아침（早晨）

★ 按是否存在动作及状态分（동태성 유무에 따라）

a. 动态名词（동태성 명사）：具有动作和状态性质的名词，

还可以细分为动作名词和状态名词。如：

- 动作名词：졸업(毕业), 입대(入伍), 사랑(爱), 일출(日出)
- 状态名词：고독(孤独), 무가치(无价值), 무관심(不关心)

b. 非动态名词（비동태성 명사）：不存在动作及状态的名词。如：

객관성（客观），남쪽（南边），산（山），아래（下面）

★ 按具体抽象分（구상성 유무에 따라）

a. 具体名词（구상 명사）：指示具体对象的名词。如：

집（家），책상（桌子）

b. 抽象名词（추상 명사）：指示抽象对象的名词。如：

기쁨（高兴），생각（想法）

（2）代词（대명사）

① 定义（정의）：代词是代替人或事物的名称及数量的词。如：

나（我），자기（自己），이것（这个），여기（这里）

② 特点（특징）

★ 代词可以代替名词，单独作句子主语。如：

ㄱ. 어제 나는 애플워치를 샀다.
　　昨天我买了苹果手表。

ㄴ. 이것은 좋은 그림이다.
　　这是幅好画。

例句中的"나, 이것"可以是"이명（李明），그것（那个）"等。

★ 可接助词进行格的变化。如：

ㄱ. 내가 바나나를 다 먹었다.
　　我把香蕉都吃了。

ㄴ. 이것은 나의 책이다.
　　这是我的书。

ㄷ. 그를 책망하는 것은 잘못이다.
　　责备他，是不对的。

ㄹ. 이것은 나에게 있습니다.
　　我有这个东西。

ㅁ. 철수가 사랑하는 사람은 나다.
　　哲洙爱的人是我。

例句中的代词接不同的助词，可分别作主语、定语、宾语、状语、谓语。

③ 分类（분류）

代词可分为一般代词和特殊代词。一般代词包括人称代词、指示代词及疑问代词，特殊代词为反身代词。

★ 人称代词（인칭 대명사）

人称代词是指称人的代词。根据话者所指示的对象可分为第一人称代词、第二人称代词、第三人称代词、不定称代词。根据各人称代词所表示的尊敬程度不同可分为特别尊敬、一般尊敬、一般降低、特别降低等几种情况。第三人称还可根据话者和听者的距离远

近分为近称、中称、远称。列表如下:

尊敬程度 人　称	特别尊敬 아주 높임	一般尊敬 예사 높임	一般降低 예사 낮춤	特别降低 아주 낮춤
第一人称 (제 1 인칭)			나, 우리	저, 저희
第二人称 (제 2 인칭)	당신, 어른, 어르신	당신, 임자, 그대	자네, 그대	너, 너희
第三人称 (제 3 인칭)	이, 그, 저 (양반)	이, 그, 저 (이, 분)	이, 그, 저 사람	이, 그, 저 (애, 놈)
不定称 (부정)	어느, 어떤 (어른) 아무(어른)	어느, 어떤 (이, 분) 아무(분)	어느, 어떤 (사람) 아무, 아무개	어느, 어떤 애, 놈 이 놈

★ 指示代词（지시 대명사）

指示代词是用以表示事物和场所的代词。根据所指事物及场所与话者的距离远近可分为近称、中称、远称。列表如下:

距离 分类	近称 (근칭)	中称 (중칭)	远称 (원칭)
事物代词 (사물 대명사)	이, 이것	그, 그것	저, 저것
场所代词 (장소 대명사)	여기	거기	저기

★ 疑问代词（의문 대명사）

疑问代词是以疑问或不肯定的方式指示对象的代词。列表如下：

对象（대상）	疑问（의문）	不定（부정）
人（인물）	누구	누구, 아무
事物（사물）	무엇	무엇
数量（수량）	얼마, 몇	얼마, 몇
场所（장소）	어디	어디
时间（시간）	언제	언제

★ 反身代词（재귀 대명사）

反身代词是反过来指动作、状态主体本身的代词，也叫再归代词。列表如下：

分类（분류）	形态（형태）
一般形（일반 형태）	자신, 자기, 자기 자신
自谦形（낮춤 형태）	저
尊敬形（존대 형태）	당신
相互形（교호사）	서로
其他形（그 밖）	스스로

（3）数词（수사）

① 定义（정의）：数词是表示人或事物数量、顺序的词。

② 特点（특징）

★ 数词可与助词结合在句子中作各种成分。如：

ㄱ. 사람 셋이 왔다.

　　来了三个人。

ㄴ. 사람 셋을 보았다.

　　看到三个人。

ㄷ. 세 사람이 왔다.

　　来了三个人。

ㄹ. 온 사람이 셋이다.

　　来的人共三个。

以上例句中的数词"셋"分别作主语、宾语、定语、谓语。

★ 数词放在名词的前后均可。如：

ㄱ. 여섯 아이가 인형을 샀다.

　　六个孩子买了娃娃。

ㄴ. 아이 여섯이 인형을 샀다.

　　六个孩子买了娃娃。

★ 数词不能用复数表示。

③ 分类（분류）

数词按其意义可分为基数词（양수사）、序数词（서수사）。基数词是表示人和事物数量的词，序数词是表示人和事物顺序的词。基数词和序数词又各自分为定数（정수）和不定数（부정수）及固有词和汉字词两个系统。列表如下：

数词分类

$$
\text{数词（수사）} \begin{cases} \text{固有词系统}\\ \text{(고유어계)} \end{cases} \begin{cases} \text{基数词}\\ \text{(양수사)} \end{cases} \begin{cases} \text{定数(정수)하나, 둘, 셋……}\\ \text{不定数(부정수)한둘,두셋……} \end{cases}
$$

固有词系统 (고유어계)
- 基数词 (양수사)
  - 定数(정수) 하나, 둘, 셋……
  - 不定数(부정수) 한둘, 두셋……
- 序数词 (서수사)
  - 定数(정수) 첫째, 둘째, 셋째……
  - 不定数(부정수) 한두째, 서너째……

汉字词系统 (한자어계)
- 基数词 (양수사)
  - 定数(정수) 일, 이, 삼……
  - 不定数(부정수) 일이, 이삼……
- 序数词 (서수사)
  - 定数(정수) 제일, 제이……
  - 不定数(부정수) 없음

(4) 动词（동사）

① 定义（정의）：动词是表示动作及各种状态变化的词。如：

오다（来），가다（去）

② 特点（특징）

★ 动词可以变化，这种变化称为活用。如：

ㄱ. 철수가 온다.
　　哲洙要来。

ㄴ. 철수가 오는구나!
　　哲洙来了呀!

ㄷ. 철수가 오니?
　　哲洙来吗?

ㄹ. 철수야, 오너라.
　　哲洙，来吧。

以上例句中的"오다"根据表达的需要，可以产生多种语尾变化。

★ 动词起叙述作用，主要作谓语，经过变化也可以做其他句子成分。如：

ㄱ. 철수가 온다.
　　哲洙要来。
ㄴ. 철수가 오는 것은 확실하다.
　　哲洙确实要来。
ㄷ. 나는 철수가 오기를 바란다.
　　我希望哲洙来。

以上例句中"오다"分别作谓语、定语、宾语。

★ 动词一般由状语修饰。如：

철수가 빨리 간다.
哲洙走得快。

③ 分类（분류）

动词可以根据其功能、活用形态、意义进行分类。列表如下：

动词分类

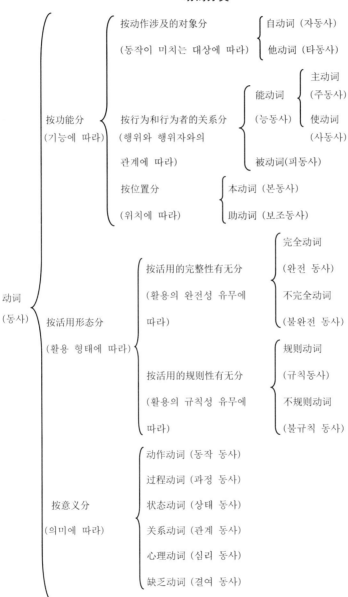

★ 按功能分（기능에 따라）

a. 按动作涉及的对象分（동작이 미치는 대상에 따라）

● 自动词（자동사）：动作只涉及主体，不涉及其他对象的动词。如：

생기다（产生），가다（去）

● 他动词（타동사）：动作不仅涉及主体，而且涉及某种对象。如：

읽다（读），입다（穿）

b. 按行为与行为者的关系分（행위와 행위자와의 관계에 따라）

● 能动词（능동사）：表示行为主体自身进行的动作。能动词又可以分为主动词（주동사）和使动词（사동사）。

主动词（주동사）：表示行为主体自身主动进行的动作。如：

철수가 책을 읽는다.
哲洙读书。

使动词（사동사）：通过使动主体的行为，使被使动体进行动作。如：

철수가 동생한테 책을 읽힌다.
哲洙让弟弟读书。

● 被动词（피동사）：主体的动作和作用依靠其他行为者来实现。如：

그는 뱀한테 다리를 물렸다.

他被蛇咬伤了腿。

c. 按位置分（위치에 따라）

● 本动词（본동사）：在助动词前面表示词汇意义的动词。又可称为独立动词。

● 助动词（보조동사）：使原来的词汇意义丧失或削弱的动词。这些动词只能用于本动词之后（部分还可用于形容词之后）表示辅助意义，但不能独立构成句子成分，又可称为补助动词。

助动词可分为以下几种：

不能助动词(불능 조동사)：지 못하다

否定助动词（부정 조동사）：지 아니하다

应当助动词（당위 조동사）：아/어야 하다

意图助动词（의도 조동사）：려고/고자 하다

被动助动词（피동 조동사）：게 되다

使动助动词（사동 조동사）：게 하다, 게 만들다

进行助动词（진행 조동사）：아/어 가다, 아/어 오다, 고 있다, 고 계시다

终结助动词（종결 조동사）：고 나다, 아/어 내다, 아/어 버리다

服务助动词（봉사 조동사）：아/어 주다, 아/어 드리다

试行助动词（시행 조동사）：아/어 보다

强势助动词（강세 조동사）：아/어 대다

习惯助动词（습관 조동사）：아/어 버릇하다

保有助动词（보유 조동사）：아/어 놓다, 아/어 두다, 아/어
가 지다
禁止助动词（금지 조동사）：지 말다
完成助动词（성취 조동사）：고 말다

★ 按活用的形态分（활용 형태에 따라）

a. 按活用的完整性有无分（활용의 완전성 유무에 따라）

● 完全动词（완전 동사）：词干能够与大部分的词尾结合的动词。

● 不完全动词（불완전 동사）：词干只能与极少数的词尾结合的动词。如：

가로다（说），관하다（关于），대하다（对于），데리다（带领），즈음하다（在……之际），더불다（一起），말미암다（因为）

b. 按活用的规则性有无分（활용의 규칙성 유무에 따라）

● 规则动词（규칙 동사）：活用时按规则变化的动词。

● 不规则动词（불규칙 동사）：活用时不按规则变化的动词。如：잇다（接），긋다（划）等在元音前"ㅅ"脱落，变成"이어"，"그어"。

★ 按意义分（의미에 따라）

a. 动作动词（동작 동사）：表示主体动作的动词。

● 瞬间完成动作动词（순시 완결 동작 동사）：表示瞬间完成起动和终止动作的动词。如：

시작하다（开始），닿다（接触）

● 持续未完成动作动词（지속 미완 동작 동사）：表示动作未完成并持续进行动作的动词。如：

걷다（走），먹다（吃）

b. 过程动词（과정 동사）：无行为者，仅表示状态变化的动词。如：

늘다（增加），변하다（变）

c. 关系动词（관계 동사）：表示一个人或物与其他人或事物发生联系并对其造成影响或与其产生差别的动词。如：

결합하다（结合），이혼하다（离婚）

d. 心理动词（심리 동사）：表示心理现象的动词。如：

기뻐하다（高兴），사랑하다（爱）

e. 缺乏动词（결여 동사）：表示应当但未达到要求的动词。如：

결석하다（缺席），부주의하다（不注意）

（5）形容词（형용사）

① 定义（정의）：形容词是表示人或事物性质、状态的词。如：

곱다（美），자유롭다（自由），크다（大）

② 特点（특징）

★ 形容词与动词性质的相同点

形容词与动词一样，可以活用变化，主要是作谓语。经过变化也可作句子的其他成分，即主语、定语、宾语、状语等。形容词只能被状语修饰。因此，有人把形容词包括在动词里，称为状态动词。

★ 形容词与动词性质的不同点

a. 动词表示人的动作或事物的作用，而形容词表示人或事物的性质或状态。

b. 动词可以接命令式终结词尾"-아/어라"、共动式"-자"、陈述式"-ㄴ/는다""-(으)마"，以及表示目的的词尾"-(으)러"、表示意图的词尾"-고자/(으)려고"，而形容词后却不能使用这些词尾。

c. 动词中的他动词需要有宾语，而形容词则不需要。

③ 分类（분류）

形容词可以根据其位置、活用状态、意义进行分类。列表如下：

形容词分类

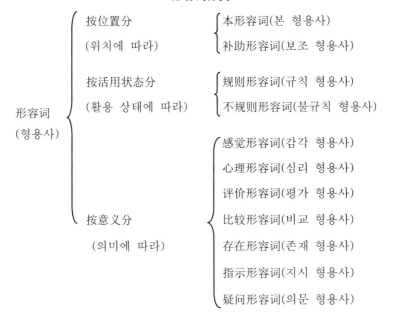

★ 按位置分（위치에 따라）

a. 本形容词（본형용사）：接于补助形容词前，表示词汇意义的形容词。

b. 补助形容词（보조형용사）：接于本形容词或本动词后，表示补充意义，不能独立成为句子成分的形容词。

补助形容词有以下几种：

▶ 否定补助形容词：지 아니하다
▶ 不能补助形容词：지 못하다
▶ 承认补助形容词：기는 하다
▶ 希望补助形容词：고 싶다
▶ 状态补助形容词：아/어 있다, 없다, 계시다
▶ 推测补助形容词：는가(ㄴ가/은가, 던가, ㄹ까, 나) 보다,
　　　　　　　　는가(ㄴ가/은가, 던가, ㄹ까, 나) 싶다

★ 按活用的状态分（활용의 상태에 따라）

a. 规则形容词（규칙 형용사）：在活用时按规则变化的词。如：좋다（好），검다（黑）

b. 不规则形容词（불규칙 형용사）：在活用时不按规则变化的词。如：아름답다（美丽）在元音前"ㅂ"脱落变成"우"，即아름다운。

★ 按意义分（의미에 따라）

a. 感觉形容词（감각 형용사）：　달다(甜), 쓰다(苦)……
b. 心理形容词（심리 형용사）：　기쁘다(高兴), 아프다(疼)……

c. 评价形容词（평가 형용사）： 사납다(凶恶)，우수하다(优秀)……

d. 比较形容词（비교 형용사）： 같다(相同)，다르다(不同)……

e. 存在形容词（존재 형용사）： 있다(有，在)，없다(无，不在)……

f. 指示形容词（지시 형용사）： 이러하다(这样)，그러하다(那样)……

g. 疑问形容词（의문 형용사）： 어떠하다(怎样)，어떻다(怎样)……

（6）冠词（관형사）

① 定义（정의）：冠词是接于体词前，表示体词的性质、状态的词。如：

새（新的），온（整），오른（右面）

② 特点（특징）

冠词只能用在体词前，修饰、限制体词，在句子中只作定语。冠词不能与词尾结合，无活用变化。如：

ㄱ. <u>온</u> 회사 직원들이 다 왔다.

　　整个公司的职员都来了。

ㄴ. 롯데마트에는 <u>별의별</u> 물건들이 다 있다.

　　乐天超市里商品琳琅满目。

从以上例句中可以看出，冠词"온，별의별"修饰体词，特别是主要修饰名词作定语，不与任何词尾结合。

③ 冠词与接头词的区别

虽然冠词和接头词都是限制后面的词或词根的,但有明显的差别。

★ 冠词与名词之间可以插入其他的词,而接头词与名词之间不能插入任何词。

★ 冠词比接头词较少受到后面名词的限制。

★ 冠词与名词是不同的词。因此,冠词与名词之间的连接比较自由,而接头词是只能与后面词根结合的形态素。因此,接头词与名词词根的连接受到限制。

④ 分类(분류)

冠词根据其意义可分为性状冠词、指示冠词、数冠词三类。每一类又分为固有词和汉字词两个系统。

★ 性状冠词(성상 관형사):修饰体词所表示的事物性质或状态的冠词。

a. 固有词系统(고유어계):새(新),헌(旧)……

b. 汉字词系统(한자어계):신(新),근(近)……

★ 指示冠词(지시 관형사):指示某些对象的冠词。

a. 固有词系统(고유어계):이(这),그(那)……

b. 汉字词系统(한자어계):모(某),각(各)……

★ 数冠词(수 관형사):表示后面名词的数量或与依存名词结合,表示名词数量的冠词。

a. 固有词系统(고유어계):한(一),두(二)……

b. 汉字词系统(한자어계):일(一),이(二)……

(7) 副词（부사）

① 定义（정의）：副词主要是用于修饰动词、形容词及其他副词，说明其状态、性质、程度或动作的时间、处所的词。有些副词也起连接词和词、句子和句子或表示各种语气的作用。如：

매우（很），잘（好），빨리（快），많이（多）

② 特点（특징）

★ 副词主要接于动词、形容词以及其他副词前，或放在句首，起修饰限定的作用，作状语。如：

ㄱ. 그는 공부를 열심히 한다.
　　他学习很努力。

ㄴ. 그림이 매우 아름답다.
　　画很美。

ㄷ. 그는 일을 아주 훌륭히 했다.
　　他办事办得很出色。

ㄹ. 아마 눈이 오려나 보다.
　　恐怕要下雪了。

ㅁ. 그 사람이 엄청 부자야.
　　他特别有钱！

ㅂ. 이 책은 완전히 새 책이야.
　　这完全就是一本新书啊！

以上例句中的副词分别用在动词、形容词、副词、句子、名词、冠词之前作状语。

★ 副词基本上不与格助词、补助词（添意助词）连用，但也有少数副词后可以接这些助词。如：

ㄱ. 그들은 거의가 이 회사의 직원들이었다.
   他们差不多都是这个公司的职员。

ㄴ. 야, 그는 빨리도 달리는구나.
   呀！他跑得也挺快呀！

以上例句中的副词分别接了格助词"가"和补助词"도"。

★ 副词在句子中主要作状语，但接续副词和语气副词则作独立成分（插入语）。部分副词加上词尾后，也可作主语、定语、谓语。如：

ㄱ. 우리는 모두가 MZ 세대다.（主语）
   我们都是MZ一代（M指1980—2000年出生的千禧一代，Z指1990年—2000年初期出生的数字一代，即80后、90后和00后。这些年轻人非常熟悉数字化的生活环境，喜欢追求个性化的事物，强调个人价值和个人感受）。

ㄴ. 축구 경기는 지금 한창이다.（谓语）
   足球比赛正进行得热火朝天。

③ 分类（분류）

副词按其功能，可分为单词副词和句子副词；按其意义可分为程度副词、情态副词、时间副词、处所副词、语气副词、接续副词、声态副词；按其构成可分为单纯副词、合成副词、转成副词。

★ 按功能分（기능에 따라）

a. 单词副词（단어 부사）：在句子中起到修饰单词作用的副词。如：

영희는 매우 예쁘다.
英姬很漂亮。

b. 句子副词（문장 부사）：在句子中起到修饰整个句子作用的副词。如：

다행히 그는 부상을 입지 않았다.
真是万幸，他没受伤。

★ 按意义分（의미에 따라）

a. 程度副词（정도 부사）：表示动作、状态、性质的程度的副词。

- 程度之甚：가장（最）……
- 程度之微：좀（稍微）……

b. 情态副词（양태 부사）：表示动作、状态的副词。如：넉넉히（充足）。

c. 时间副词（시간 부사）：表示动作时间的副词。

以话者的时间为标准，在表示动作发生的时间和状态的副词中又可分为时制副词（시제 부사）和相副词（상 부사）。

- 时制副词（시제 부사）：

过去（과거）：어제（昨天）……

现在（현재）：지금（现在）……

未来（미래）：내일（明天）……

● 相副词（상 부사）：相副词可分为完成相、进行相、顺序相、瞬间相、持续相、反复相等。这部分副词将在后面的"相"部分中详细论述。

d. 处所副词（처소 부사）：表示动作的处所、方向、距离的副词。如：

이리（这儿），그리（那儿）

e. 语气副词（서법 부사）：表示对说话的内容所持的态度和语气的副词。

表示强调、肯定：결코（决），과연（果然）……

表示假定：만약（如果），만일（如果）……

表示让步、转折：가령（即使），비록（虽然）……

表示推测、估量：혹시（也许），아마（恐怕）……

表示希望、请求：부디（千万），제발（千万）……

表示疑惑、反问：도대체（到底），대관절（究竟）……

表示限制：다만（仅），오직（只有）……

表示应当、必须：마땅히（应当），모름지기（应当）……

表示必定：기어코（一定要），반드시（一定）……

表示否定：못（不能），아니/안（不，没有）……

表示疑问：어찌（怎么），왜（为什么）……

f. 接续副词（접속 부사）：连接词、词组或句子的副词。

接续副词又可分为顺接、逆接、并列、添加、转换等形式。

- 顺接（순접）

因果（인과）：그러므로（因此），따라서（随之）……

解释（해석）：그러면（那么），그래서（所以）……

- 逆接（역접）：그러나（但是），하지만（可是）……
- 并列（병렬）：그리고（并且），또는（或者）……
- 添加（첨가）：또（又），더욱（更）……
- 转换（전환）：그런데（但是），아무튼（无论如何）……

g. 声态副词（의성의태부사）：模拟客观事物的声貌状态的副词。如：

우르릉（轰隆轰隆），깜빡깜빡（一眨一眨地）

★ 按构词方式分（형성 방식에 따라）

a. 单纯副词（단순부사/순수부사）：独立构成的副词。

- 单音节副词：잘（好），곧（立刻）……
- 双音节副词：아주（很），자주（经常）……
- 三音节副词：비로소（才），갑자기（突然）……
- 四音节副词：애오라지（只是），모름지기（应该）……

b. 合成副词（합성 부사）：由几个形态素合成的副词。

- 双音节合成副词：곧장（马上），잘못（错）……
- 三音节合成副词：맞바로（正对着），요즈음（最近）……
- 四音节合成副词：반짝반짝（一闪一闪地），달랑달랑（叮叮当当）……

c. 转成副词（전성 부사）

- 形容词转成副词：가득히（满满地），깊이（深深地）……

● 名词转成副词：일일이（一一地），자연히（自然地），정말로（真的）……

(8) 感叹词（감탄사）

① 定义（정의）：感叹词是直接表示话者的感情和态度或表示呼诉的词。如：

아（啊），자（来），예（是的）

② 特点（특징）

★ 感叹词无活用变化，一般不能接助词。

★ 感叹词在句子中基本上不和其他句子成分发生关系，一般单独使用，作独立成分。感叹词在句子中的位置比较自由，可放在句子的开始、中间、结尾；有时一个感叹词也可构成一个句子。

③ 分类（분류）

★ 感情感叹词（감정 감탄사）：表示喜悦、悲伤、惊叹、厌烦的感叹词。如：

아（啊），허허（呵呵），아이구（哎呀）

★ 意志感叹词（의지 감탄사）：表示话者意志的感叹词。如：

여보（喂），쉬（嘘），네（是）

(9) 助词（조사）

① 定义（정의）：助词是主要与体词（名词、代词、数词）

结合，表示该体词与句子中其他词语的关系，或起限定该体词的作用的词。如：

ㄱ. 철수<u>가</u> 집<u>에</u> 왔다.

　哲洙回家了。

ㄴ. 영희<u>가</u> 나<u>를</u> 칭찬했다.

　英姬称赞我了。

ㄷ. 하나<u>에</u> 하나<u>를</u> 더하면 둘<u>이</u>다.

　1加1等于2。

ㄹ. 그는 결혼반지<u>마저</u> 팔았다.

　他连结婚戒指都卖了。

例"ㄱ"中的"가, 에"，例"ㄴ"中的"가, 를"，例"ㄷ"中的"에, 를, 이"等分别与名词、代词、数词结合，表示该名词、代词、数词与句子中其他词语的关系；而例"ㄹ"中的"마저"与"결혼반지"结合则起了限定"결혼반지"的作用。

② 特点（특징）

★ 作为一种依存形态素，助词无法表达词汇上的意义。由于助词具有这一特点，也有人认为助词不属于单词范畴。因为除了助词以外，其他词性的词都有词汇上的意义，但助词已经丧失了这一意义，只具有语法上的意义了。因此，助词也被称为语法形态素。

★ 助词在句子中一般只跟体词结合使用。

★ 由于是依存形态素，助词在句子中不能单独表达任何意义。

★ 助词不能活用。

③ 分类（분류）

助词根据其功能可分为格助词（격조사）、接续助词（접속조사）和补助词（보조사）等。

★ 格助词（격조사）：接于体词后表示该体词与句子中其他词语之间关系的助词。分为主格（주격）助词、补格（보격）助词、宾格（목적격又叫对格대격）助词、属格（관형격又叫所有格소유격）助词、副词格（부사격）助词、独立格（독립격又叫呼格호격）助词等。

a. 主格助词（주격 조사）：接于体词（名词、代词、数词）、名词化短语或子句等先行词（선행어）后作主语的助词。主要有"이/가，께서"等。如：

ㄱ. 이 방<u>이</u> 매우 크다.

　　这个房间非常大。

ㄴ. 내<u>가</u> 철수의 절친이다.

　　我是哲洙最要好的朋友。

ㄷ. 아버지<u>께서</u> 거기에 앉아 계신다.

　　爸爸坐在那儿。

b. 补格助词（보격 조사）：表示先行词是补语（보어）的助词。主要有"이/가，(으)로，과/와"等。如：

ㄱ. 철수가 프로게이머<u>가</u> 되었다.

　　　　철수가 전자 스포츠 프로 선수가 되었다.

　　ㄴ. 그는 철수를 진정한 벗으로 여겼다.
　　　　他把哲洙当成了真正的朋友。

　　ㄷ. 그의 스웨터는 나의 것과 같다.
　　　　他的羊毛衫和我的一样。

c. 宾格助词（목적격 조사）：表示先行词是宾语的助词。主要是"을/를"。如：

　　ㄱ. 우리는 집을 짓는다.
　　　　我们盖房子。

　　ㄴ. 철수가 영희를 사랑한다.
　　　　哲洙爱英姬。

d. 属格助词（관형격 조사）：表示先行词是定语的助词，又叫所有格助词，主要指"의"。如：

이것은 나의 유니폼이다.
这是我的制服。

e. 副词格助词（부사격 조사）：把体词变为状语的助词，又可分为处格、与格、具格、共同格、引用格等。

处格（처격）：에, 에서

　　ㄱ. 그 책은 책상 위에 있다.
　　　　那本书在书桌上。

ㄴ. 학생들이 북 카페에서 공부한다.
　　学生们在书吧学习。

与格（여격）：에게, 께, 한테, 더러

ㄱ. 나는 동생에게 연필을 주었다.
　　我把铅笔给了弟弟。

ㄴ. 선생님께 숙제를 드립니다.
　　把作业交给老师。

ㄷ. 오빠한테 편지를 보냈다.
　　给哥哥寄了封信。

ㄹ. 영희더러 집으로 돌아가라고 해라.
　　跟英姬说让她回家去吧。

具格（구격）：（으）로, （으）로서, （으）로써

ㄱ. 학생으로서 열심히 공부하여야 한다.
　　作为学生，应该努力学习才行。

ㄴ. 의사로서 책임감이 있어야 된다.
　　作为医生，必须有责任心。

ㄷ. 그는 나무로써 그 의자를 만들었다.
　　他用木头做了那把椅子。

共同格（공동격）：와/과, 하고, （이）랑

ㄱ. 나는 친구와 학교에 간다.
　　我和朋友去学校。

ㄴ. 나하고 가지.
　　和我一起去吧。
ㄷ. 동생이 조카랑 극장에 갔다.
　　弟弟和侄子去剧场了。

引用格（인용격）：라고, 고

할아버지께서 우리더러 잘 했다고 칭찬하셨다.
爷爷表扬我们做得好。

f. 独立格助词（독립격 조사）：把体词变为独立成分的助词，主要有"아/야, 이여, 이시여"等。如：

ㄱ. 철수야, 이리 와.
　　哲洙呀，到这儿来。
ㄴ. 하느님이시여, 나를 도와 주시옵소서.
　　上帝啊，请帮帮我吧！

★ 接续助词（접속 조사）：连接两个处于平等地位、属于并列关系的体词的助词，主要是"와/과"。如：

ㄱ. 나는 시와 소설을 다 좋아한다.
　　诗和小说我都喜欢。
ㄴ. 태준과 민호가 학교에 갔다.
　　泰俊和民浩去学校了。

注意：口语中多用"하고"或"랑/이랑"。

★ 补助词（보조사）：把与体词及其他单词结合在一起，添

加某种意义或代替格助词，起格助词作用的助词，汉语中叫添意助词，主要有 "는/은, 깨나, 부터 까지, (이)나" 等。

a. 는/은：主要限定主体，表示强调、提示。如：

그분은 내 아버지시다.
那位是我父亲。

b. 깨나：表示强调。 如：

돈깨나 있다고 꽤 거만하군.
仗着有钱真傲慢。

c. 부터，까지：表示时间、地点的起点至终点，相当于汉语的 "从……到……"。 如：

그는 아침부터 저녁까지 밥을 못 먹고 공부를 했다.
他从早到晚都没吃饭，一直在学习。

d. (이) 나：表示选择，即从许多事物中任选其一的意思，相当于汉语的 "或""或者"。 如：

할 일도 없는데 산책이나 가자.
没事干去散散步吧。

e. (이) 나마：表示让步，相当于汉语的 "即使……也……"，"尽管……也……"，"就是……"。如：

책이나마 읽었으면 좋겠다.

能读读书什么的就好了。

f. 도 : 表示相同、包含，相当于汉语的"也""又"等。如：

철수가 그 사과도 먹었다.
哲洙把那个苹果也吃了。

g. (이) 든지：表示全部，相当于汉语的"不管""不论"。如：

누구든지 와.
谁来都行。

h. (이) 라도：表示让步，相当于汉语的"即使……也……""就是……也……"。如：

아무 책이라도 주세요.
随便给我一本书就行。

i. (이) 라든지：表示全部，相当于汉语的"不管""不论"。如：

음료수라든지 물이라든지 갖고 가는 게 좋을 거야.
不管是饮料还是水，带些去为好。

j. (이) 라서：表示原因。如：

오늘 휴장이라서 그냥 집에서 쉬어요.
今天股市休市，在家休息呢。

k. (이)랍시고：表示条件、原因，相当于汉语的"凭着"。如：

반장이랍시고 우리들에게 심부름만 시켜요.
仗着自己是班长就知道指使我们干活。

l. ㄹ랑：表示强调。如：

여기 걱정일랑 말고 그 일에 전념하세요.
别担心这边了，专心做那件事吧。

m. 마다：表示包罗，相当于汉语的"每"。如：

그는 날마다 헬스장에서 운동을 한다.
他每天都在健身房运动。

n. 마저：表示包含，也带有强调情况不利的意思，相当于汉语的"（甚至）连……""不论……也（都）……"。如：

너마저 나를 안 믿어? 정말 킹 받는다.
连你也不相信我吗？气死我了。

o. 만：表示限制，相当于汉语的"只""光""仅"。如：

라면만 먹으면 안돼.
只吃方便面可不行。

p. 밖에：表示"除……之外"。如：

저는 한국말밖에 못 해요.
除了韩国语，我不会其他语言。

q. 보다: 表示比较的对象，相当于汉语的"比"。如:

이 민박의 시설은 리조트보다 더 낫다.
这家民宿的设施比度假村还要好。

r. (이) 야/ (이) 야말로: 表示有所区别，也表示陈述的对象，有"这就是""这真是""这才是"的意思。 如:

결혼이야말로 일생에서 가장 중요한 일이다.
结婚才是人生中最重要的事。

s. 조차 : 表示包含，带有"情况不利、不合心意、不满的"意思，相当于汉语的"（甚至）连……也（都）……"。如:

이렇게 쉬운 것조차 모르느냐?
连这么容易的问题都不知道吗?

t. 처럼: 主要用于体词之后，表示比喻和比较的对象，相当于汉语的"像""像……那样"。如:

울릉도의 경치는 그림처럼 아름답다.
郁陵岛的风景像画一样美。

u. 치고: 表示提示。如:

사람치고 돈 싫어하는 사람이 있습니까?
有讨厌钱的人吗?

v.（은/는）커녕：表示"姑且不说……，就连……也……"，"别说……，就连……也……"的意思。如：

나는 우승은커녕 3위 입상도 어렵겠다.
别说第一名了，进入前三名都很困难。

二、统辞论（통사론，句法）

（一）句子的构成（문장의 구조）

韩国语句子的构成大致为：

形态素(형태소)→单词(단어)→词组(구)→子句(절)→句子(문장)

关于形态素和单词，前文已有详细介绍，本节重点介绍词组、子句以及句子的形成和特点。

1. 词组（구）

（1）词组的定义（구의 정의）

两个或两个以上的实词在句子内部组合而成的、不表达完整思想的语言单位称为词组。

（2）词组的分类（구의 분류）：

词组又可分为名词词组、动词词组、副词词组。

① 词词组（명사구）

语法功能和名词相同的词组。如：

좁은 옥탑방

狭小的阁楼

문법의 연구

语法研究

직업과 세계관

职业与世界观

② 动词词组（동사구）

语法功能和动词相同的词组。如：

열심히 공부하다

努力学习

회사에서 일하다

在公司工作

웃으며 말하다

一边笑，一边说

③ 副词词组（부사구）

语法功能和副词相同的词组。如：

더욱 빨리

更加快

훨씬 더 깨끗이

干净得多

그토록 높이

那么高

2. 子句（절）

（1）子句的定义（절의 정의）

有主语（주어）、谓语（서술어），但在句子中只起一个成分作用的，称之为子句。

（2）子句的分类（절의 분류）

子句又可分为名词子句（명사절）、谓语子句（서술절）、定语子句（관형절）、状语子句（부사절）、引用子句（인용절）等。

① 名词子句（명사절）

★ 名词子句的定义（명사절의 정의）

名词子句是指在句子中的作用相当于名词的子句。

★ 名词子句的种类（명사절의 종류）

名词子句有"-(으)ㅁ"名词子句，"-기"名词子句，"것"名词子句，此外由"-느/(으)냐, -는가/(으)ㄴ가, -는지/(으)ㄴ지"等语末词尾结尾的疑问句有时也可以充当名词子句。如：

나는 그녀가 매우 아름다운 여자임을 이제서야 알았다.
我现在才知道她是那么漂亮的一个女孩。

내가 지금 회사를 떠나기는 쉽지 않아.
我现在离开公司是不容易的。

나는 그가 고향에 돌아간 것을 이미 알고 있었다.
我已经知道他回家乡了。

그 공사가 완성되었는지 모른다.
不知道那项工程是否完成了。

② 谓语子句（서술절）

谓语子句的定义（서술절의 정의）

谓语子句是指在句子中的作用相当于谓语的子句。如：

그 책은 <u>내용이 좋다</u>.

那本书的内容很好。

이 도시는 <u>물가가 비싸다</u>.

这个城市物价高。

베이징은 <u>인구가 많다</u>.

北京人口多。

③ 定语子句（관형절）

★ 定语子句的定义（관형절의 정의）

定语子句是指在句子中的作用相当于定语的子句。

★ 定语子句的种类（관형절의 종류）

定语子句分为关系定语子句（관계관형절）和同格定语子句（동격관형절）两种。

a. 关系定语子句（관계관형절）

定语子句修饰的名词和定语子句中的某一成分是一样的，定语子句正是省略了这一成分，这样的定语子句称为关系定语子句。如：

<u>철수가 쓴</u> 논문이 선생님의 칭찬을 많이 받았어요.

哲洙写的论文受到了老师的表扬。

<u>내가 어제 가서 책을 산</u> 서점은 바로 교보문고 종로점이다.

我昨天就是在教保文库钟路店买的书。

b. 同格定语子句（동격관형절）

定语子句修饰的名词不是定语子句内的某一成分，定语子句中表达的内容修饰后面的名词，这样的定语子句称为同格定语子句。如：

나는 <u>그가 착한 사람이라는</u> 사실을 알았다.
我知道他是一个善良的人。
<u>내가 그 사람을 본 적이 있다는</u> 생각이 들었다.
我想起来了，我见过那个人。

④ 状语子句（부사절）

状语子句的定义（부사절의 정의）

状语子句是指在句子中的作用相当于状语的子句。如：

나는 <u>선생님의 도움이 없이</u> 그 일을 할 수 없어요.
没有老师的帮助，我无法完成那件事。
그 학생이 <u>말도 없이</u> 교실을 떠났다.
那个学生悄无声息地离开了教室。
우리 조카는 <u>그의 누나와는 달리</u> 팝송을 좋아한다.
我侄子和他姐不一样，喜欢流行音乐。

⑤ 引用子句（인용절）

引用子句的定义（인용절의 정의）

引用子句是表示引用别人说话内容的子句。如：

그는 <u>영희가 유럽에 갔다고</u> 했다.
他说英姬去了欧洲。

그는 나에게 지 빈의 담임 선생님이 누구냐고 물었다.
他问我那个班的班主任是谁。

우리는 그에게 함께 일을 잘 못하는 학생을 도와 주자고 하였다.
我们叫他一起来帮助做不好的学生。

3. 句子（문장）

句子的定义（문장의 정의）：

句子是表达完整思想的，具有一定语法特征的、最基本的言语单位。如：

영희는 실력이 있는 헤어스타일 디자이너이다.
英姬是一位非常棒的美发师。

장미꽃이 가장 아름답다.
玫瑰花最漂亮。

그 메이크업 아티스트의 성함이 어떻게 돼요?
那位化妆师叫什么名字？

（二）基本句型及句子的分类（기본문형과 문장의 분류）

1. 基本句型（기본문형）

韩国语基本句型由构成句子的必要成分组成。主要包括主语、谓语、宾语、补语等成分。主语、谓语是句子的核心成分，宾语、补语是根据谓语的性质而定的，基本句型可分为以下三种类型。

（1）主谓结构句（주어-서술어）

ㄱ. 나는 바텐더예요.
   我是调酒师。

ㄴ. 무궁화가 아름답다.
   木槿花漂亮。

ㄷ. 자율 주행차가 달린다.
   无人驾驶汽车在飞驰。

（2）主谓宾结构句（주어-목적어-서술어）

ㄱ. 나는 바다를 좋아한다.
   我喜欢大海。

ㄴ. 나는 패션 디자인을 배우고 있다.
   我在学习服装设计。

（3）主谓补结构句（주어-보어-서술어）

ㄱ. 물이 얼음이 된다.
   水结成冰了。

ㄴ. 나는 방탄소년단의 팬이 아니다.
   我不是防弹少年团的粉丝。

2. 句子的分类（문장의 분류）

（1）句子按结构分为单句和复句两种

① 单句（홑문장）

在句子中，只以一对主谓结构单位为中心构成的句子，叫做单句。如：

철수가 스키장에 갔다.
哲洙去滑雪场了。
나는 장미꽃을 좋아한다.
我喜欢玫瑰花。

② 复句（겹문장）

由两个或两个以上意义密切联系，结构上互不包含的单句组成的句子，叫复句。复句包括接续句（접속문）和内包句（내포 문）。

★ 接续句（접속문）

接续句分为对等复句和主从复句两种。

a. 对等复句（대등접속문）：相当于汉语中的并列复句，是表示并列、转折、选择关系的复句。

● 并列复句（병렬복합문）：分句和分句之间是并列关系的复句，主要以连接词尾"고""며""요"等来实现。如：

나는 학교에 다니고 형은 회사에 다닙니다.
我上学，哥哥在公司上班。
여름은 더우며 겨울은 춥다.
夏天热，冬天冷。
한자는 표의문자요, 한글은 표음문자다.
汉字是表意文字，韩文是表音文字。

● 转折复句（대립복합문）：转折复句是指分句和分句之间的

内容表示转折关系的复句。主要以表示转折的连接词尾"나/으나""지만/지마는""건만/건마는""련만/으련만""되/으되""아/어/여도"等来表现。如:

인생은 짧으나 예술은 길다.
人生很短,艺术久长。
날씨가 춥지만 강물은 아직도 다 얼지 않았다.
虽然天气很冷,但江水还没有完全封冻。
봄이 찾아 왔건만 아직 제비가 날아들지 않았다.
虽然春天已经来了,但是燕子还没有飞回来。
그는 이것을 알고 있으련만 조금도 그런 내색을 하지 않았다.
他可能已经知道这件事了,但丝毫不露声色。
내용이 너무 어려워서 아무리 읽어봐도 잘 모르겠다.
内容太难,怎么看也看不懂。

● 选择复句(선택복합문):选择复句是指分句和分句之间是选择关系的复句,主要以表示选择关系的连接词尾"나""거나""건""든지""든가""든"等来表示。如:

내일 나는 수영을 하러 가거나 등산을 갈 것이다.
明天我或者去游泳,或者去爬山。
비가 오건 말건 제시간에 나는 꼭 가겠다.
不管是否下雨,我一定按时去。

사람을 보내든지 전보를 치든지 하려던 차에 마침 귀사에서 회답 편지가 온 것이다.

正在想是派人去，还是打电报的时候，恰巧收到了贵公司的回信。

어린이들은 키가 크든 작든 모두 표없이 들어갈 수 있다.

只要是儿童，无论个子大小，一律免票入场。

이 일은 그 사람이 맡든가 내가 맡든가 다 마찬가지다.

这件事，他负责我负责都一样。

b. 主从复句（종속접속문）：主从复句中的从句一般是为说明或补充主句的条件、原因、目的、时间、假定、让步等等而出现的。主从复句的子句中，有的主语、谓语都出现，有的主语省略，有的以无主句充当子句。

● 因果从句（인과종속문）：从句的内容是表示主句的原因，即主从两句之间构成因果关系的句子称为因果从句，以表示原因的连接词尾"므로""기에""길래""느라고""니까/ 으니까"等来实现。如：

이 학생은 다른 학생들의 모범이 되었으므로 본 상장을 수여합니다.

由于该学生是其他学生的楷模，所以给他颁发了这个奖。

날씨가 너무 춥기에 모두 솜옷을 입고 나왔다.

由于天气太冷，全都穿着棉衣来了。

기침을 하길래 담배를 끊으라고 했다.

因为咳嗽，所以叫他别抽烟了。

시험 공부를 하느라고 잠을 못 잤다.

为了准备考试，觉没睡成。

장마가 지니까 채소 값이 오르는구나.

由于是雨季，蔬菜的价格上涨了。

● 条件从句（조건종속문）：从句的内容表示主句的行动是在什么样的条件下才能实现的句子称为条件从句，由表示条件的连接词尾"면""라면""거든""ㄴ들/은들""아/어/여　야"等来实现。如：

다른 사람의 말이라도 그것이 옳다면 우리는 그 말을 따라야 한다.

别人说得对，我们就应该听取。

가는 길에 순희 만나거든 전화 좀 하라고 해.

去的路上如果看到顺姬，让她给我打电话。

네가 아무리 천하장사인들 가는 세월을 이길 수는 없다.

即使你是天下第一壮士，也挡不住岁月的流逝。

윗물이 맑아야 아랫물이 맑다.

上梁不正下梁歪。

● 目的从句（목적종속문）：从句的内容是表示主句目的的句子，由表示目的的连接词尾"러/으러""려/으려""려고/으려고""고자"等来表现。如：

나는 브런치를 사러 빵집에 다녀오게.

我去面包店买个早午餐回来。

나도 좋은 경험을 배우려고 찾으러 왔다.

我也是为了学习好经验，才找上门来的。

나도 일등을 하려고 이번 경기 대회에 참가했다.

我也是想得第一名，才报名参加了这次运动会。

나는 편지를 쓰고자 봉투를 샀다.

我买了信封，打算写信。

영희는 파마를 하고자 미용실에 갔다.

英姬想去理发店烫发。

● 让步从句（양보종속문）：从句和主句之间是让步关系的从句，由表示让步关系的连接词尾"더라도""ㄹ지라도/을지라도""ㄹ지언정/을지언정""ㄹ망정/을망정""ㄴ들""아/어/여도""았/었/였자"等来表现。如：

제가 아무리 재주가 있다 하더라도 대중을 떠나 혼자서는 아무 일도 할 수 없다.

自己再有才能，脱离了群众，也必然一事无成。

그 사람이 올지라도 우리 사업에 큰 도움을 주지 못할 것 같다.

即使他来，对我们的工作也不会有多大帮助。

나는 차라리 걸어갈지언정 자가용을 탈 생각은 없다.

我宁愿步行去，也不愿坐轿车去。

밥은 굶을망정 자식들 교육은 시킨다.
即使吃不上饭，也要让子女读书。
내가 간들 너를 잊겠느냐?
难道我走了就会忘记你吗?
열 길 물 속은 알아도 한 길 사람 속은 모른다.
知人知面不知心。
나는 읽어봤자 이해하지 못한다.
我即使读了，也无法理解。

● 时间从句（시간종속문）：从句的行动和主句的行动，在时间上是一先一后或者同时进行的句子。由表示时间关系的连接词尾"자""면서""며""고서""고""다가"等来表现。如：

그는 수영장에 가자(마자) 수영을 했다.
他一到游泳馆就开始游泳。
나는 밥을 먹으면서 내가 오늘 한 일을 돌이켜 보았다.
我一边吃饭，一边回想了我今天所做的事情。
나는 학생들을 데리고 공원에 갔습니다.
我带着学生到公园去了。
아버지는 아들을 불러다가 일을 시킨다.
爸爸把儿子叫来干活儿。

● 提示从句（제시종속문）：从句的内容对主句的内容有提示说明作用的句子称为提示从句，由连接词尾"는데/ㄴ데/은데""는바/ㄴ바/은바""니""던데""던바""ㄴ즉/은즉"等来

表现。如：

선생님이 학생들에게 무엇인가 설명을 하고 있는데 기자가 다가왔다.

老师正在给学生讲什么事，记者走了过来。

서류를 검토한 바 몇 가지 미비한 사항이 발견되었다.

检查了一下文件，发现了几条有问题的事项。

그의 집으로 가 보니 그는 벌써 시장에 가고 없었다.

我到他家里一看，他已经去市场了。

지시대로 하였던바 일이 순조로이 풀려 나갔다.

按指示做，结果事情解决得很顺利。

금방 보이던데 그 사이에 어디 갔지?

刚才还见过，这么一会儿到哪去了？

이야긴즉 옳다.

那话嘛，是对的。

● 假定从句（가정종속문）：从句的内容对主句的内容有假设作用的句子称为假定从句，由表示假设的连接词尾"면""거든""거들랑"等来表现。如：

봄이 오면, 진달래꽃이 핀다.

春天一到，金达莱花就开了。

철수야, 고향에 가거든, 동네 어른들을 반드시 찾아 뵈어라.

哲洙啊，如果回老家的话，一定去拜见一下村子里的长辈。

注意：前面已讲过"면""거든"也是条件从句连接词尾，但

与作假定从句连接词尾时所表示的语法意义有所不同。

● 程度从句（정도종속문）：从句的内容表示程度限制作用的句子称为程度从句，由连接词尾"ㄹ수록""도록"等实现。如：

불량품이 나오지 않도록 제품의 질에 주의하자.
我们须注意产品质量，以防出现劣质品。
피아노를 치면 칠 수록 솜씨가 는다.
钢琴是越弹越娴熟。

★ 内包句（내포문）

汉语中将内包句称为包孕句。内包句可分为名词形内包句（명사형내포문）、定语形内包句（관형형내포문）、状语形内包句（부사형내포문）、引用形内包句（인용형내포문）。

a. 名词形内包句（명사형내포문）

나는 철수가 성공하기를 진심으로 바란다.
我衷心希望哲洙能成功。
우리는 그의 성격이 활발함을 잘 알고 있다.
我们知道他性格活泼。

b. 定语形内包句（관형형내포문）

나는 마음씨가 착한 사람을 좋아한다.
我喜欢心地善良的人。
미술관에 그림을 보려는 사람들로 가득 찼다.
美术馆里挤满了想看画展的人。

c. 状语形内包句（부사형내포문）

그는 소리도 없이 교실로 들어왔다.
他悄无声响地走进了教室。
그녀는 허리가 끊어지도록 웃었다.
那女孩笑弯了腰。

d. 引用形内包句（인용형내포문）

나는 선생님의 말씀이 옳다고 생각한다.
我认为老师的话是正确的。
나는 영희가 곧 결혼한다고 들었다.
我听说英姬就要结婚了。

（2）句子按语法功能还可分为否定句（부정문）、比较句（비교문）、被动句（피동문）、使动句（사동문）等

① 否定句（부정문）

★ 否定句的定义（부정문의 정의）

否定句是通过否定词（부정소）"아니""못"等方式来表示否定某一事实或价值意义的句子。

★否定句的分类（부정문의 분류）

a. 根据句子的长短可分为短形否定（단형부정）和长形否定（장형부정）。

短形否定（단형부정）

短形否定指将否定词"아니""못"直接接于谓语前，表示否定意义的句子。如：

철수는 술을 안 마셨다.

哲洙没喝酒。

철수는 술을 못 마셨다.

哲洙不会喝酒。

长形否定（장형부정）：

长形否定指谓词词干后接"지"，再接"아니다""못하다"等否定词放在谓语之后形成的否定句。如：

영수가 사랑스럽지 않다.

英洙不可爱。

철수는 그 사실을 알지 못했다.

哲洙不知道那件事。

在短形否定中，否定词"안"和"못"只是否定后面出现的谓词，而长形否定句中，否定词则是否定整个句子的意思。 如：

ㄱ. 그 곳의 풍경이 아름답다.

那个地方风景秀丽。

(×) ㄴ. 그 곳의 풍경이 안 아름답다.

(○) ㄷ. 그 곳의 풍경이 아름답지 않다.

那个地方的风景不美。

上述三个句子中，"ㄴ"句是短形否定，"안"是修饰"아름답다"的，而"안"和"아름답다"不能连用，因此是错误的句子。"ㄷ"句是长形否定，否定词"안"否定的是"그 곳의 풍경이 아

름답다"的内容，因此是正确的句子。

b. 根据使用的否定词不同分为"안"否定句、"못"否定句和"말"否定句。

"안"否定句

"안"否定句是指由否定词"안"实现的否定句，以已经存在的肯定句的内容为前提，表示说话者的否定认识，带有事实否定（사실 부정）的意义。如：

영희는 밥을 먹었다.

英姬吃过饭了。

영희는 밥을 먹지 않았다.

英姬没吃饭。

영희는 밥을 안 먹었다.

英姬没吃饭。

"못"否定句

"못"否定句是指由否定词"못"实现的否定句，表示由于主体的能力或外界的原因而不能实现某事，常带有价值否定（가치부정）的意义，有时也可以表示说话者委婉的拒绝或强烈的否定。如：

나는 바빠서 텔레비전을 보지 못한다.

我很忙，不能看电视。

나는 바빠서 텔레비전을 못 본다.

我很忙，不能看电视。

"말"否定句

"말"否定句是指由否定词"말"实现的否定句,上面所述的"안"否定句和"못"否定句一般只用在陈述句(평서문)和疑问句(의문문)中,而在命令句和共动句中表达否定意义时,不用"안"否定句或"못"否定句,须用"말"否定句来实现。如:

우리는 내일 등산 가지 말자.

我们明天别去爬山了。

너는 영희를 깔보지 말아라.

你不要轻视英姬。

"말다"否定句不能用于陈述句和疑问句中,只能用在命令句和共动句中,但也有些特殊情况,即和表示希望、愿望的词如"바라다, 희망하다, 원하다, 기대하다"等动词连用时,即使句子不表示命令或共动,也可以用"말다"。如:

나는 네가 이번 시험에 낙제하지 말기를 바란다.

我希望你这次考试别不及格。

그 친구가 여기를 떠나지 말기를 바란다.

希望那位朋友不要离开这里。

c. 特殊类型(특수 유형)

韩国语中也存在双重否定句(이중 부정문)。双重否定句在韩国语中不表示强烈的肯定,而表示轻微的肯定,显得很婉转,即通过迂回的方式来表示说话者的主张。如:

ㄱ. 너는 내일 학교에 가야 한다.

　　你明天必须得去学校。

ㄴ. 너는 내일 학교에 가지 않으면 안 된다.

　　你明天不能不去学校。

"ㄱ"句表示"你明天必须得去学校",肯定的意思比较强,而"ㄴ"句虽然也表示相同的意思,但语气不强,只是表示说话者自己的主张。

★ 否定句的实现方法(부정문의 실현 방법)

a. 词汇否定法（어휘적 부정법）

通过在句尾加上"모르다""아니다""없다"等方式来实现。如：

나는 그 사실을 모른다.

我不知道那个事实。

나는 공처가가 아닙니다.

我不是"妻管严"。

여기에는 그런 상품이 없다.

这里没有那样的商品。

b. 派生否定法（파생적 부정법）

通过"몰인정""무지각""미완성""미지불""불규칙""불성실하다""비인간""비무장"等来表现。如：

그 공사는 아직 미완성이다.

那项工程还没有完成。

영희는 아직 미혼이다.

英姬至今未婚。

선거 결과는 아직 불확실하다.

选举结果至今还不明朗。

c. 统辞否定法（통사적 부정법）：

通过"안，못，……지 않다"等与动词结合来实现。如：

그 학생은 자기의 잘못을 깨닫지 못했다.

那个学生没有认识到自己的错误。

오늘은 할 일이 많아서 시장에 못 간다.

今天要做的事情太多了，不能去市场。

★ 否定词的分布情况（부정사의 분포 양상）

否定词"안"和"못"在与动词及形容词结合使用时要受到如下限制。

a. 形容词"괴롭다, 나쁘다, 낮다, 있다, 가소롭다"等只能和否定词"안"结合使用。如：

（○）그녀는 성격이 나쁘지 않다.

　　　那个女孩性格不坏。

（×）그녀는 성격이 못 나쁘다.

（×）그녀는 성격이 나쁘지 못하다.

b. "깨끗하다, 시원하다, 자비롭다, 자유롭다"等可以与否定

词"안"和"-지 못하다"连用，但"못"不能放在这些词的前面。如：

(○) 이 방은 안 깨끗하다.

(○) 이 방이 깨끗하지 않다.

(○) 이 방이 깨끗하지 못하다.

这个房间不干净。

(×) 이 방이 못 깨끗하다.

c. "사랑스럽다, 자랑스럽다"等只能和"-지 않다"及"-지 못하다"连用。如：

(○) 그 아기는 사랑스럽지 않다.

(○) 그 아기가 사랑스럽지 못하다.

那个孩子不可爱。

(×) 그 아기가 안 사랑스럽다.

d. 过程动词（과정동사）"내리다, 오르다"等和动作动词（동작동사）"가다, 뛰다, 먹다, 서다"等可与否定词"안""못"连用，但是过程动词"끓다, 마르다"等不能与否定词"못"连用。如：

(○) 영희가 계단으로 안 내려간다.

(○) 영희가 계단으로 내려가지 않는다.

英姬不走台阶。

(○) 영희가 계단으로 못 내려간다.

(○) 영희가 계단으로 내려가지 못한다.
英姬不能走台阶。
(○) 햇빛이 안 나고 바람도 없어서 옷이 빨리 안 마른다.
(○) 햇빛이 안 나고 바람도 없어서 옷이 빨리 마르지 않는다.
没有阳光也没有风，衣服干得不快。
(×) 햇빛이 안 나고 바람도 없어서 옷이 빨리 못 마른다.
(×) 햇빛이 안 나고 바람도 없어서 옷이 빨리 마르지 못한다.

e. 表示希望的动词"바라다, 희망하다, 필요하다"等只能和否定词"안"连用。其中"바라다"和"희망하다"虽然是近义词，但两者在与否定词的结合使用上却存在差异，"안 바란다"较通顺，而"안 희망한다"则很不自然。如：

(○) 나는 그가 이번 시험에 낙제하기를 안 바란다.
(○) 나는 그가 이번 시험에 낙제하기를 바라지 않는다.
我不希望他这次考试不及格。
(×) 나는 그가 이번 시험에 낙제하기를 못 바란다.
(×) 나는 그가 이번 시험에 낙제하기를 바라지 못한다.
(○) 나는 빨리 한국에 유학가기를 희망하지 않는다.
我不希望尽快到韩国留学。
(×) 나는 빨리 한국에 유학가기를 안 희망한다.
(×) 나는 빨리 한국에 유학가기를 못 희망한다.
(×) 나는 빨리 한국에 유학가기를 희망하지 못한다.

f. 认知动词（인지동사）"기억하다, 깨닫다, 생각히다, 알다, 자각하다"等可以和否定词"못"连用，但不能和"안"连用。如：

(○) 나는 그 예쁜 여자의 이름을 못 기억한다.

(○) 나는 그 예쁜 여자의 이름을 기억하지 못한다.

我没记住那位漂亮女孩的名字。

(×) 나는 그 예쁜 여자의 이름을 안 기억한다.

(×) 나는 그 예쁜 여자의 이름을 기억하지 않는다.

② 比较句（비교문）

★ 比较句的定义（비교문의 정의）

比较句是将两个事物中相同的属性或同一事物的两个属性进行比较的句子。

★ 比较句的结构（비교문의 구조）

比较法是将两种事物相同的属性或同一事物的两种属性进行比较的手法。比较句的结构由比较的对象（비교의 대상）、比较标准（비교의 기준），比较点（비교점），比较素（비교소）、比较词（비교사）等构成。如：

영희가 순희보다 3cm 더 크다.

英姬比顺姬高 3 cm。

철수는 영수처럼 용감하다.

哲洙像英洙一样勇敢。

上述两个例句中，比较的对象是"영희"和"철수"；比较词（体现要比较的主体的属性，一般在句子中做谓语）是"크다"和

"용감하다";比较标准（为比较对象提供比较标准，一般和比较格助词"보다，같이,처럼，와/과"等结合使用）分别是"순희"和"영수"；比较点是3cm；比较素是"더"（除了"더"之外，还有"덜，더욱，너무，꽤，아주，매우，약간，좀"等）。

★ 比较句的分类（비교문의 분류）

比较句可分为对等比较句（대등비교문）和不对等比较句（비대등비교문）。

a. 对等比较句（대등비교문）

对等比较句是表示两事物或同一事物的两属性相同或类似的句子，由"名词句 1，名词句 2+와/과—같다，비슷하다，유사하다"或"名词句 1，名词句 2+처럼，같이或만큼/만치—하다"等形式构成。对等比较句经常使用的比较素有"아주""약간""너무"等。如：

여기의 물가는 우리 고향과 아주 비슷하다.

这里的物价和我们家乡差不多。

너의 목소리는 너의 형과 비슷하다.

你的嗓音和你哥有些像。

b. 不对等比较句（비대등 비교문）

不对等比较句是表示两事物或同一事物的两属性不同的句子，又可分为优等比较句（우등 비교문）和劣等比较句（열등 비교문）。

优等比较句（우등 비교문）

优等比较句是表示主体的属性比尺度上的标准在质或量的方面更多、更强、更深的比较句。如：

철수는 영희보다 더 착하다.
哲洙比英姬更善良。
학교 기숙사에서 친구들과 어울려 사는 것이 원룸에서 혼자 사는 것보다 더 재미있다.
跟朋友们一起在宿舍生活比一个人住出租房更有乐趣。

劣等比较句（열등 비교문）
劣等比较句是表示主体的属性比尺度上的标准在质或量的方面更少、更弱、更浅的比较句。如：

전동 킥보드가 자동차보다 덜 빠르다.
电动滑板车没有汽车跑得快。
이 비스킷 쿠키가 저 과자보다 덜 달다.
这种曲奇饼干没有那种点心甜。

对等比较句的比较词只有"같다，비슷하다，유사하다"等少数几个，而不对等比较句的比较词非常多。因此，不对等比较句比之于对等比较句，形式更加多样、灵活。

③ 被动句（피동문）

★ 被动句的定义（피동문의 정의）

被动句是指动作由主体被另一主体（次主体）推动而实现的句子，被动化的核心是能动主语的位置移动及能动词的被动化，与被动句对应的是能动句。如：

철수가 노루를 잡았다.

哲洙抓了獐子。

노루가 철수에게 잡혔다.

獐子被哲洙抓住了。

★ 被动句的结构（피동문의 구조）

被动句一般由被动主体（피동주체）或目标对象（목적대상）作主语，行动主体（행동주체）和副词格助词"-에게, -한테, -에"等结合使用作状语，被动化的动词充当谓语。

★ 被动句的实现方法（피동문의 실현 방법）

a. 被动主体+主格助词"이/가",再与汉字词+"되다"构成的被动句。如：

그의 제의가 회사 측에 채택되었다.

他的意见被公司采纳了。

그 회사 제품의 질이 이미 제고되었다.

那家公司的产品质量已有所提高。

b. 被动主体+主格助词"이/가"，行动主体+副词格助词"-에게"或"-한테"，被动词（能动词的词根加上被动接尾词"-이-, -기-, -리-, -히-"构成的被动词）形式构成的被动句。

需要注意的是，并不是所有的他动词都可以派生出被动词，只有一部分动词可以加上被动接尾词变成被动词。其中不能派生出被动词的有：

　　授予动词(수여동사)：주다(给), 드리다(呈，给), 바치다(献)……
　　受惠动词(수혜동사)：얻다(得到), 잃다(丢失), 찾다(寻找), 돕다(帮助), 입다(遭受)……
　　表示说话者心理活动的经验动词(경험동사)：알다(知道),배우다(学习), 바라다(希望), 느끼다(感觉)……
　　对称动词(대칭동사)：만나다(见面), 싸우다(吵架，打仗)……
　　词干后以"-이"结尾的一部分动词：던지다(投), 지키다 (遵守), 때리다(打), 만지다(摸)……
　　以"-하다"结尾的动词：노동하다(劳动),학습하다(学习)……

下面简单介绍一下一些动词的被动派生情况。

- 加"-이-"的动词

보다(看), 깔보다(轻视), 꺾다(折), 깨다(睡醒), 쓰다(用), 짜다(编), 닦다(擦), 나누다(分), 섞다(混合)……

- 加"-기-"的动词

감다(洗), 끊다(断), 뜯다(扯), 빼앗다(抢), 안다(抱), 쫓다(追), 찢다(撕)……

- 加"-리-"的动词

갈다(更新), 갈다(耕作), 달다(挂), 열다(开), 흔들다(摇), 팔다(卖), 부르다(叫), 내밀다(推), 물다(咬), 듣다(听), 누르다(按), 날다(飞), 끌다(拉)……

● 加"-히-"的动词

닫다(关), 막다(阻止), 먹다(吃), 박다(钉), 묻다(埋葬), 꼽다(屈), 씹다(嚼), 업다(背), 잊다(忘), 잡다(抓), 맺다(结), 뽑다(拔)……

在韩国语中，由派生的被动词来表现被动句的情况是比较常见的。如：

이리는 사냥꾼에게 잡혔다.
狼被猎人捉住了。
영희는 어머니한테 안겨 있다.
英姬被妈妈抱着。
어린이가 개한테 물렸다.
小孩被狗咬了。
이 물건은 학생들에게 잘 쓰인다.
这个东西被学生们很好地使用。
나는 네모난 것만 잘 보인다.
我只感觉四角形的东西醒目。
나뭇잎이 바람에 날린다.
树叶被风吹着。

c. 被动主体+主格助词 "이/가"，行动主体+副词格助词 "-에" +의하여，能动词词根+被动接尾词 "-아/어/여지다" 构成的被动句。如：

베이징에서 동계올림픽이 성황리에 개최되었다.
北京成功举办了冬奥会。
진리는 실천에 의하여 검증되었다.
真理得到了实践的检验。
그 일이 기어이 이루어졌다.
那件事终于完成了。

注意：并不是每个动词均可与"-아/어/여지다"结合使用，一般与之结合的动词有很强的意图力量。意图力量是难介入的动词，不适于与之结合。如：

(○) 발에 가시가 박혔다.
(×) 발에 가시가 박아졌다.
(○) 오늘은 고기가 잘 잡힌다.
(×) 오늘은 고기가 잘 잡아졌다.

d. 韩国语中，有一些动词"받다""당하다""듣다""입다""맞다""먹다"等，虽然词性为他动词，但可成为表示被动意义的动词。如：

그분이 학생들에게 존경을 받았다.
他深受学生们的尊敬。
거지가 아이들에게 모욕을 당하였다.
乞丐遭到了孩子们的羞辱。
그는 할아버지한테서 꾸중을 들었다.
他受到了爷爷的责备。

우리 회사는 큰 피해를 입었다.

我们公司损失惨重。

철수는 그 놈한테 매를 맞았다.

哲洙被那家伙打了一顿。

철호가 아버지에게 욕을 먹었다.

哲浩挨爸爸骂了。

上述前三种实现方法中，b、c 两种方法中出现了行动主体，而第一种方式中一般不出现行动主体。第三种方式是 1945 年 8 月 15 日以后，受英语的影响而产生的被动句，为大学生和三四十岁的知识分子所广泛使用。

★ 被动句的使用限制（피동문의 사용제한）

被动句是以能动句为前提转变而来的，两者有密切的关系，但并不是一一对应的关系。即并不是所有的能动句均能转成被动句，有些情况下使用被动句会显得很不自然，有些情况下被动句没有对应的能动句。

a. 不能转变成被动句的能动句：如：

（○）학생들이 책을 다 읽었다.

　　　学生们读完书了。

（×）책이 학생에게 다 읽혔다.

b. 没有能动句的被动句：

● 无情名词（무정명사，没有感情的名词）做他动词句的主语时，更适合用被动句。如：

(○) 창문이 바람에 열렸다.
(×) 바람이 창문을 열었다.
   风把窗户吹开了。
(○) 열매가 가지에 달렸다.
   果实结满了枝头。
(×) 열매를 가지에 달았다.

● 设定带有意志或意图的主体比较困难时，一般用被动句。即在韩国语中可以不出现被动主体的意图或意志，而只表达该意图或意志而产生的结果。此类被动句中一般不出现 "–에 의해"。如：

그 반 학생들 중에 절반이 감기에 걸렸다.
那个班的学生有一半得了感冒。
날씨가 많이 풀렸구나.
天气变暖和多了。

● 在韩国语中，还有很多只用被动形态表现的惯用词组（관용구）。如：

기가 막히다
不可思议
손에 안 잡히다
做不好（不上手）
마음에 걸리다
挂心
일이 쌓이다
事情堆在一起

★ 被动词（피동사）和自动词（자동사）

被动词表示主体的动作或状态变化是依靠别的行为者而实现的，一般是在能动他动词后加上"-이-, -기-, -리-, -히-"构成。自动词是表示动作只对主体产生影响的动词，有原来存在的自动词，也有他动词后加上被动接尾词转变成的自动词，由他动词转变成的自动词都属于被动词。如：

오늘 점심에 나는 비빔밥을 많이 먹었다.
今天中午我吃了很多拌饭。
오늘 점심에 비빔밥이 많이 먹혔다.
今天中午我吃了很多拌饭。

第一句中的"먹다"是他动词，第二句中的"먹힌다"是由能动他动词"먹다"的词干"먹"与被动接尾词"-히-"结合而成的被动自动词。第一句单纯地表示"今天中午拌饭吃得多"。第二句表示由于胃口好或特别好吃等原因，"今天中午吃得格外的多"。

★ 主动句和被动句加否定词的限制

主动句和被动句句中的否定词不是随意加入的，并且加入否定词后，句子的意义要产生变化。如：

（○）그는 고기를 안 씹는다.
　　他不吃肉。
（○）고기가 안 씹힌다.
　　肉咬不动。

(○) 그는 고기를 못 씹는다.

他不能吃肉。

(×) 고기가 못 씹힌다.

④ 使动句（사동문）

★ 使动句的定义（사동문의 정의）

动作由一个主体发出，推动、促进另一个主体（对象）实现的句子，称为使动句。与之相对应，不是推动另一主体的动作、行为，而是表现主体自身发出的动作的句子称为主动句。

★ 使动句的结构（사동문의 구조）

使动句一般应由使动主体（사동주체）、使动事件（사동 사건）、被使动主体（피사동주체）、被使动事件（피사동 사건）等构成，使动句中的动词必须带有使役性（사역성），使动主体和被使动主体之间必须具有如下的关系。

使动主体和被使动主体应带有的意义

意义 \ 行为者	有情性	使役性	完成性	自立性	意图性
使动主体	[+]	[+]	[+]	[+]	[+]
被使动主体	[+]	[-]	[+]	[+-]	[+-]

[+]表示具有某属性，[-]表示不具有某属性。

再比如：

어제 철수가 담을 높였다.

昨天哲洙把墙垒高了。

우리는 등불로 어둠을 밝혔다.

我们用灯火点亮黑暗。

上述两句就不是使动句，这两句话中充当谓语的"높였다"和"밝혔다"，分别是由形容词"높다"和"밝다"派生而成的他动词，而不是使动词，并且"담"和"어둠"，不具有有情性和完成性，故这样的句子不能称为使动句。

★ 使动句的分类（사동문의 분류）

a. 使动句根据句子的长短可分为短形使动（단형사동）和长形使动（장형사동）两种。短形使动也称为词汇的使动（어휘적 사동）或接尾词使动（접미사적 사동）；长形使动又称为迂回话法的使动（우설적 사동）。

아버지가 아들을 집에서 놀렸다.（短形使动）

爸爸哄儿子在家里玩。

아버지가 아들을 집에서 놀게 하였다.（长形使动）

爸爸让儿子在家里玩。

b. 短形使动和长形使动的区别（단형사동과 장형사동의 구별）短形使动和长形使动在统辞及表达意思上是有区别的。

● 统辞上的差异（통사상의 차이）

首先，短形使动是在被使动主体后加上助词"을/를"和"에게"，而长形使动中的被使动主体除了"을/를"和"에게"之外，

还可以和"로 하여금"结合使用。如:

저 사람이 학생들을 웃겼다. (短形使动)
那个人把学生们逗笑了。
저 사람이 학생들을 웃게 하였다. (长形使动)
那个人使学生们笑了。
저 사람이 학생들로 하여금 웃게 하였다. (长形使动)
那个人使学生们笑了。

其次,短形使动中只由一个动词来充当谓语,而长形使动中则由两个动词,即本动词(본동사)和助动词(보조동사)结合来充当谓语。如上面例句中第一个句子是由一个动词"웃겼다"来充当谓语,而第二个句子则是由本动词"웃게"和助动词"하였다"两个动词来充当谓语。此外,敬语词尾"시"在长形使动中可以置于句中两处,但在短形使动中只能与使动词一起使用。如:

교장선생님께서 선생님을 이 곳에 오시게 하셨다. (长形使动)
校长让老师来这个地方。
교장선생님께서 학생들을 이 곳에 오게 하셨다. (长形使动)
校长让学生来这个地方。
어머니가 할머니께 외투를 입히셨다. (短形使动)
妈妈帮奶奶穿外套。
어머니가 동생에게 옷을 입히셨다. (短形使动)
妈妈帮弟弟穿衣服。

再次,在两种使动句中,副词的修饰范围是不同的。在短形使

动句中,副词起限定使动主体行为的作用,而在长形使动句中,副词起的是限定被使动主体行为的作用。如:

ㄱ. 어머니가 아기에게 밥을 잘 먹였다. (短形使动)
ㄴ. 어머니가 아기에게 밥을 잘 먹게 하였다. (长形使动)

"ㄱ"句中的副词"잘",是修饰使动主体"어머니"的行为,故译为"妈妈好好喂孩子吃饭","ㄴ"句中的副词"잘",修饰的是被动主体"아기"的行为,故译为"妈妈让孩子好好吃饭"。

● 意义上的差异(의미상의 차이):

有些学者认为短形使动和长形使动表达的意思相同,也有一些学者认为两者表达的意思不同[①]。我们认为两者在意义上还是有细微的区别的。

首先,短形使动既可以表现使动主体的直接行动,又可以表现使动主体的间接行动,而长形使动只能表现使动主体的间接行动。如:

의사는 환자를 눕혔다. (短形使动)
医生扶患者躺下了。
의사는 환자에게 눕게 했다. (长形使动)
医生让患者躺下了。
내가 아이를 죽인 거야. (短形使动)
我把孩子害死了。

以上第一句的主体医生直接参与了动作,第二句是间接的行为,

[①] 主张短形使动和长形使动"同义说"的学者有梁仁石、梁东辉、孙浩民等,主张短形使动和长形使动"异义说"的学者有宋石中、李基东、金车均。

而第三句是失去孩子的母亲虽未直接参与让孩子死去的行为，但自身感到自己有责任，也用了短形使动。

其次，表现使动主体直接行动的短形使动中，使动事件和被使动事件带有同时性，而长形使动中，使动事件和被使动事件之间可能带有时间上的差异。如：

어제 선생님께서 오늘 학생들에게 논문을 제출하게 하셨다.

（长形使动）

昨天老师让学生今天提交论文。

★ 使动句的实现方法（사동문의 실현 방법）：

a. 汉字词（한자어）加上"시키다"构成的使动句。如：

선생님의 말씀은 학생들을 감동시켰다.
老师的话使学生们很受感动。
우리는 이론을 현실과 결합시켜야 한다.
我们应当把理论与现实结合起来。

b. 谓语动词的词根后加上使动接尾词"-이-, -기-, -리-, -히-, -우-, -추-, -구-"等构成的使动句。和被动词一样，并不是所有的动词都可以派生出使动词。其中不能派生出使动词的有：授予动词（수여동사），对称动词（대칭동사），以元音"-이"为词干结尾的动词，"-하다"动词等。

但是像"알다""입다"等虽然不能派生出被动动词，但可以派生出使动动词，分别为"알리다""입히다"。下面简单介绍一下部分动词的使动派生情况。

- 加"-이-"的动词

먹다(吃), 보다(看), 쓰다(用), 들다(进入), 붙다(粘), 기울다(倾斜), 녹다(融化), 끓다(沸腾)……

- 加"-기-"的动词

안다(抱), 감다(洗), 벗다(脱), 신다(穿), 맡다(承担), 뜯다(撕), 웃다(笑), 남다(剩), 옮다(搬), 넘다(超过) ……

- 加"-리-"的动词

구르다(滚), 날다(飞), 얼다(冻), 알다(知道), 들다(举), 물다(咬), 빨다(吸), 오르다(升) ……

- 加"-히-"的动词

읽다(读), 입다(穿), 잡다(抓), 앉다(坐), 묻다(问), 익다(熟)……

- 加"-우-"的动词

깨다(打破), 지다(落), 비다(空), 피다(开), 새다(熬夜), 끼다(夹), 자다(睡), 트다(裂开), 뜨다(飞) ……

- 加"-추-"的动词

맞다(一致), 늦다(晚), 낮다(低) ……

在韩国语中，通过派生使动词来实现使动句的情况是十分常见的。如：

저 사람이 아기를 웃겼다.
那人把孩子逗笑了。
아버지가 딸을 집에서 놀렸다.
爸爸哄女儿在家里玩。

영희가 병에 물을 가득 채웠다.

英姬将瓶子装满水。

나는 철수에게 그림을 내 보였다.

我把图画拿给哲洙看了。

아버지는 아들을 자기 곁에 앉혔다.

爸爸让儿子坐在自己身边。

c. 动词词干后加 "-게" 或 "-도록", 然后和 "-하다" 或 "-만들다" 等连接形成的使动句。如:

영희가 순희를 가게 하였다.

英姬让顺姬走了。

철수가 아기에게 우유를 잘 먹게 하였다.

哲洙让孩子好好喝牛奶。

나는 철수에게 이 책을 읽어 보게 하였다.

我让哲洙看看这本书。

사 온 옷을 손질하여 곱게 만들었다.

把买回来的衣服打理得很漂亮。

★ 使动形的他动意义

有的句子虽然形式上是使动句,但意义上是起到他动词的作用,尤其是当被使动主体是抽象名词或无感情名词时, 更是如此。如:

그 증인은 끝까지 진실을 숨겼다.(감췄다)

那证人最终掩盖了真相。

선생님이 종을 울렸다(쳤다).

老师敲响了钟。

할아버지가 자손들에게 유언을 남겼다(했다).

爷爷给子女留下了遗言。

이삿짐 센터 직원들이 이삿짐을 옮긴다(나른다).

搬家公司的员工在搬运行李。

★ 使动句中副词的作用

随着使动法种类的不同,副词的修饰范围亦有区别。如:

어머니께서 동생에게 우유를 빨리 먹이셨다.

妈妈很快地喂弟弟喝完牛奶。

선생님께서 우리를 빨리 뛰게 하셨다.

老师让我们快跑。

以上第一句的"快"主要指行动的主体"妈妈"的动作,而第二句的"快"是使动的对象"我们"的动作。

3. 句子成分(문장성분)

韩国语句子的成分分为主要成分(주성분)、附加成分(부가성분)、独立成分(독립성분)。其中主要成分又包括主语(주어/主语)、谓语(서술어/叙述语)、宾语(목적어/目的语)、补语(보어/补语),附加成分包括定语(관형어/冠形语)和状语(부사어/副词语),独立成分一般指呼语(독립어/独立语)和接续副词(접속부사)。

（1）主要成分（주성분）

主要成分是句子中不可缺少的一部分，也称为主干成分。若省略主要成分，一般不能成为完整的句子。主要成分由主语、谓语、宾语和补语等构成。

① 主语（주어）：主语一般是指陈述的对象，韩国语的主语由体词（체언）或带有体词功能的名词词组或名词子句再加上主格助词构成。即通常是由名词、代词、数词及词组来充当主语。如：

한라산이 구름 위에 우뚝 솟았다.
汉拿山高耸入云。

내가 이 편지를 영수에게 전하겠다.
我要把这封信转给英洙。

그렇게 아름다운 물건이 또 있을까!
还会有那么漂亮的东西吗！

그의 죽음이 우리를 더욱 슬프게 한다.
他的死使我们更伤心。

이제부터 무엇을 할 것인가가 문제입니다.
问题是从现在开始干什么。

여기서부터가 경상북도입니다.
从这里开始是庆尚北道。

"늙다"가 동사인가, 형용사인가?
"늙다"是动词还是形容词？

② 谓语（서술어）：谓语是句子中的核心部分，又是不可缺少的一部分，起陈述主语的行为、状态及性质的作用。谓语由

动词、形容词及体词或起体词作用的词加上叙述格助词"이다"构成。如：

구름 사이로 달이 <u>간다</u>.
月亮在云中行走。
물이 <u>깊다</u>.
水深。
서울이 <u>여기까지입니다</u>.
首尔就到这里。

③ 宾语（목적어）：宾语是指谓语动词涉及的对象，由体词或起体词作用的词加上宾格助词"을/를"来表现。如：

누가 이 <u>현수막을</u> 교실에 걸었느냐?
是谁把横幅挂在教室里的？
<u>택시를</u> 기다리는 사람들이 길게 줄을 서 있다.
等出租车的人排成了一长队站着。
나도 <u>그녀가 왜 웃는지를</u> 모르겠다.
我也不知道那个女孩为什么笑。

④ 补语（보어）：补语是指句子中对谓词"되다, 아니다, 같다, 다르다, 삼다"等起补充作用的成分。补语由体词或起体词作用的内包句与补格助词"이/가, (으)로, 와/과"等结合构成。如：

네가 벌써 <u>어른이</u> 되었구나.
你已经长大成人了。

그는 영희를 <u>친딸로</u> 삼았다.

他把英姬当成亲女儿。

혼밥은 <u>혼술과</u> 비슷하게 외롭다.

一个人吃饭和一个人饮酒一样，都很孤单。

（2）附加成分（부가성분）

附加成分也称为从属成分（종속 성분），句子缺少附加成分也可以成立。附加成分一般指定语和状语。

① 定语（관형어）：定语是指接于体词前，起修饰作用的成分。一般冠词、以定语形词尾 "-(으)ㄴ, -는, -(으)ㄹ, -던" 结尾的词及子句或由体词与属格助词 "의" 结合来充当。如：

이번 달에는 <u>새</u> 옷을 한 벌 사 입기로 했다.

这个月我打算买一套新衣服穿。

그가 <u>쓴</u> 리포트를 철수에게 주었다.

他把写好的报告给哲洙了。

우리는 <u>BTS의</u> 노래를 좋아한다.

我们喜欢防弹少年团的歌。

② 状语（부사어）：状语是指接在谓语前起修饰作用的成分。一般由副词、与副词格助词结合的体词或以从属连接词尾结尾的从属分句构成。如：

오늘은 하늘이 <u>아주</u> 푸르다.

今天天空真蓝。

아이들이 마당에서 뛰논다.
孩子们在院子里玩耍。
그는 밤이 깊도록 공부를 했다.
他学习到深夜。

③独立成分（독립 성분）

独立成分一般由感叹词（감탄사）、体词（체언）加上呼格助词（호격조사）及接续副词（접속부사）等构成，与句子当中的任何成分均没有直接的关系。如：

아이구, 허리가 아파 죽겠다.
哎哟，腰疼死了。
순영아, 저 하늘에 떠 있는 것이 무엇일까?
顺英啊，天上飘着的那个东西是什么呀？

但是，一般表示尊称的名词或无情名词不必和独立格助词结合，本身就可以做独立语。如：

아버지, 여기 보세요.
爸爸，请看这里！
집, 얼마나 따뜻한 느낌을 주는 단어인가!
家，多么令人感到温馨的字眼啊。

三、与统辞有关的语法范畴
(통사와 관련된 문법 범주)

(一) 时制 (시제)

1. 时制 (tense) 的定义 (시제의 정의)

时制是区别某一事件、行为、状态的时间位置的语法范畴。韩国语的时制以某一基准时 (기준시) 为中心，表示事件、动作、状态等在时间上的先后位置。汉语中称为时态。如：

ㄱ. 철수는 아까 암벽 등반을 하였다.
　　哲洙刚才攀岩了。

ㄴ. 철수는 지금 암벽 등반을 하고 있다.
　　哲洙正在攀岩。

ㄷ. 철수는 내일 암벽 등반을 할 것이다.
　　哲洙明天要攀岩。(替换例句)

例"ㄱ"表示说话者说话前哲洙攀岩的行为已经结束了，例"ㄴ"表示说话者说话时哲洙攀岩的行为正在进行，例"ㄷ"表示哲洙攀岩的行为发生在说话者说话之后。像这样以某一事件点为基准，表示过去、现在、未来的语法范畴就是时制。韩国语的时制由实质形态素和形式形态素来实现。这些形式形态素中的一部分也用来表示相 (상) 和叙述方法 (서법)。

2. 时制的分类 (시제의 분류)

(1) 基准时 (기준시)、绝对时制 (절대시제) 和相对时制 (상

대시제)

　　根据基准时，时制可分为很多种类。在判断某一情况发生的时间先后位置时，需要确定一个标准时间点，这一时间点便是基准时。基准时有发话时（발화시）和事件时（사건시）两种。

　　发话时是说话者对某种情况进行表述的时间点，事件时是某一事件发生的时间点。以发话时为基准的时制被称为绝对时制，以事件时为基准的时制被称为相对时制。

　　绝对时制是在同一种说话情况下基准时固定的时制，相对时制是在同一种说话情况下基准时不固定的时制。绝对时制和相对时制都可以分为过去（과거）[或叫做先行时（선행시）]，现在（현재）[或叫做同时（동시）]，未来（미래）[或叫做后行时（후행시）]三种时制，其概念是不同的。绝对时制的过去时是指发话时之前的时间，而相对时制的过去时则是指事件时之前的时间。同样，绝对时制的现在时是指与发话时一致的时间，而相对时制的现在时是指与事件时一致，即与某一事件发生的时间相一致的时间。绝对时制的未来时是指发话时之后的时间，而相对时制的未来时是指事件时之后，即某一事件发生之后的时间。如：

ㄱ. 나는 지금 해변가에서 걸어서, 마음이 무척 상쾌하다.
　　我现在在海边散步，心情非常愉快。

ㄴ. 어제 나는 해변가를 걸어서 마음이 무척 유쾌해졌다.
　　昨天我去海边散步，心情非常愉快。

例"ㄱ"和例"ㄴ"中的"걸어서"形态完全一样。从以发话时为基准的绝对时制的角度看，例"ㄱ"中的"걸어서"是现在时，例"ㄴ"中的"걸어서"是过去时。但如果从以事件时为基准的相对时制的角度看，例"ㄱ"、例"ㄴ"中的"걸어서"都是现在时。例"ㄱ"中的"걸어서"，如果以"마음이 무척 상쾌하다"的时间点为基准的话，则属于现在时。同样，如果以"마음이 무척 상쾌하였다"的时间点为基准的话，例"ㄴ"中的"걸어서"也属于现在时。

（2）过去时制（과거시제）

韩国语的过去时制由时间副词"아까（刚才），어제（昨天），그저께（前天），작년（去年）"等和先语末词尾"-았/었-"以及定语形词尾"-(으)ㄴ"等来实现。如：

ㄱ. 나는 아까 바나나를 먹었다.
　　刚才我吃了一个香蕉。

ㄴ. 아까 내가 먹은 바나나는 매우 맛있었다.
　　刚才我吃的香蕉非常好吃。

ㄷ. 어제 본 영화가 매우 재미있었다.
　　昨天看的电影真有意思。

例"ㄱ"是由时间副词"아까"和谓词词干中的先语末词尾"-았/었-"表示过去的。例"ㄴ"、例"ㄷ"是由定语形词尾"-은, -ㄴ"表示"完了，终了（완료）"的意思。

（3）过去完成时制（대과거시제）

过去时制的先语末词尾"-았/었/였-"重复使用，形成"-았/었/였었-"形态，表示现在与过去的情况相比不一样了，这样的时制称为过去完成时制。如：

ㄱ. 작년에 여기에는 온통 국화가 피었었다.

　　去年，这儿开满了菊花。

ㄴ. 벌써 국화가 피었구나.

　　菊花已经开了。

ㄷ. 어제 언니가 왔었다.

　　昨天姐姐来过了。

ㄹ. 어제 언니가 왔다.

　　昨天姐姐来了。

上面的例"ㄱ"和"ㄷ"的情况，与"ㄴ"和"ㄹ"相比，分别又包含了一层意思。即："올해는 다른 꽃이 피었지만（虽然今年开的是别的花）"，"언니가 그 후 돌아갔지만（姐姐虽然随后就走了）"。"-았/었/였었-"的句子都含有这样的意思，只是不直接在字面上表达出来。这是过去完成时制的一个特征。另外，"-었-"可以表示包含现在在内的情况，而"-었었-"则不可以。如：

ㄱ.（○）나는 서울대학교를 1년간 다녔다.

ㄴ.（×）나는 서울대학교를 1년간 다녔었다.

　　我在首尔大学学习了一年。

（4）回想时制（회상시제）

回想时制由先语末词尾"-더-"和定语形词尾"-던-"实现。

① -더-

★ "-더-"表示在时间和空间都已经发生变化的现在，回想并告诉对方过去经历过的事情。如：

어제 철수가 영희와 함께 영화관에 들어가더라.
昨天哲洙和英姬一起进电影院了。

上例表示话者回想并告诉对方昨天自己看到哲洙和英姬一起进电影院了，但话者说这句话的时间已经不是昨天，地点也不是在电影院外了。

★ 当主语是第一人称时，"-더-"的使用会受到限制。主语如果是话者本人，句子中就不能用"-더-"；但如果谓语是表示说话者心理、感觉等的主观形容词，便可以用"-더-"。如：

ㄱ.(×) 나는 도서관에서 공부하더라.
ㄴ.(○) 나는 춥더라.
　　　　我很冷。

当说话者回想自己在梦中的情形或看着自己的照片说话时，也可以用"-더-"。如：

ㄱ.(꿈속에서)나는 부자가 되었더라.
　（在梦中）我变成富人了。
ㄴ.(옛날 사진을 보니까)나도 예뻤더라.
　（看以前的照片）我也很漂亮。

此外，与表示推测的"-겠-"连用时，"-더-"也可以用于第一人称。如：

나는 댄스 학원에서는 아무것도 못 배우겠더라.
我在舞蹈班什么也学不到。

② -던

定语形词尾"-던"表示回想时，与"-더-"不同，主语可以是第一人称，也可以单独使用，表示动作的持续，与"-었-"连用表示动作的完结。如：

ㄱ. 파인애플은 옛날에 내가 즐겨 먹던 과일이다.
　　菠萝是我以前非常爱吃的水果（现在可能不爱吃了）。
ㄴ. 파인애플은 옛날에 내가 즐겨 먹었던 과일이다.
　　菠萝是我以前曾经非常爱吃的水果。

（5）现在时制（현재시제）

现在时制由表示现在的时间副词"지금（现在），오늘（今天）"等和终结词尾"-(ㄴ/는)다, -(ㄴ/는)가"等以及定语形词尾"-(으)ㄴ/는"等来实现。定语形词尾"-(으)ㄴ"用于形容词之后表示现在，"-는"用于动词之后表示现在。如：

ㄱ. 철수가 지금 소설책을 읽는다.
　　哲洙现在在读小说。
ㄴ. 지금 철수가 읽는 소설책은 내가 선물한 것이다.
　　哲洙读的小说是我送给他的礼物。

ㄷ. 얼굴이 예쁜 아이가 내 동생이나.

那个漂亮的小孩是我妹妹。

ㄹ. 저기에 피어 있는 꽃이 가장 아름답다.

那里开的花最美。

(6) 未来时制（미래시제）

未来时制由表示未来的时间副词"내일（明天），모레（后天）"，先语末词尾"-겠-，-리-"，定语形词尾"-(으)ㄹ"和迂回话法（우설적）"-(으)ㄹ 것이다"等来实现。先语末词尾"-리-"多用于书面语中，"-(으)ㄹ 것이다"在口语中常写作"-(으)ㄹ 거다"。如：

ㄱ. 나는 이 망고를 내일 먹겠다/먹으리라.

我明天吃这个芒果。

ㄴ. 이것은 이따가 먹을 사과이다.

这是一会儿要吃的苹果。

ㄷ. 이 과일은 내일 먹을 것이다.

这个水果明天吃。

但是，先语末词尾"-겠-，-(으리-)"、定语形词尾"-(으)ㄹ"、迂回说法"-(으)ㄹ 것이다"等有时不用来表示未来，而表示推测。如：

ㄱ. 지금 제주도는 매우 덥겠다/더우리라.

现在济州岛可能很热。

ㄴ. 할머니께서는 젊으셨을 때 매우 예쁘셨겠습니다.

奶奶年轻的时候肯定很漂亮。

ㄷ. 우리가 타려고 했던 기차가 지금쯤 베이징을 지나고 있을 것이다.

我们本来应乘坐的那趟火车现在可能正经过北京。

上面例"ㄱ""ㄴ"中的"-겠-",例"ㄱ"中的"-리-",例"ㄷ"中的"을"等都不表示未来,它们在叙述方法(서법)中只起推测(추측법)的作用。因此,也有学者认为韩国语中没有未来时制。如:

ㄱ. 내일 철수가 오겠다.

明天哲洙要来。

ㄴ. 내일 철수가 온다.

明天哲洙要来。

"-겠-"和"-ㄹ 것"虽然都表示未来,也是有区别的。"겠"一般是根据现在的情况或新情况进行推测,表示一种强烈的推测与估计,而"ㄹ 것"一般是根据过去的经验、知识等原有的情况进行推测,表示一种确定的推测。例如,现在看到天空乌云密布,可以说"비가 오겠다(要下雨了)",因为天空乌云密布是新看到的情况,也可以说"비가 올 것이다",根据已有的经验、知识,看到乌云密布就可以推测要下雨了。而如果前一天听了天气预报,即使现在天气晴朗,也要说"비가 올 것이다",这时就不能说"비가 오겠다"了。

此外，值得注意的是，表示现在时制的时间副词还可以与表示过去时制的先语末词尾"-았/었-"连用。如：

지금 막 철수가 그 구멍을 막았다.
刚刚哲洙把那个洞堵上了。

（二）相（상）

1. 相（aspect）的定义（상의 정의）

韩国语的相是在某种时间关系中，动作或状态以一定的形态表现的现象。如果某一事件、行为、状态都以一条线上的某一点来表示的话，那么表示一定长度或幅度的东西便是相。在韩国语学习中，常会出现混淆相和时制的情况，时制是表示时间的概念，而相表示的是空间的概念，即时制是表示动词和形容词所表现的动作、状态或状态变化，是以时间方面的开始和结束为依据的概念，而相是表示动作、状态或状态变化在空间方面完了或未完了的概念，即相是空间概念。动词和形容词表现的动作、状态或状态变化存在一定过程，相就是表示这一过程的动作状况，即表示完了（완료）或未完了（미완료）的语法范畴。完了相（완료상）表示过程完了的状况，未完了相（미완료상）表示过程未完了的状况。未完了相也称为进行相（진행상）。

2. 相的分类（상의 분류）

相根据实现方式的不同可以分为语法相（문법상）和词汇相（어

휘상)。

（1）语法相：语法相又可分为进行相（진행상），完了相（완료상），预定相（예정상）。

① 进行相：进行相也称为未完了相，表示目标未完了的状况。

★ -고 있다

철수는 게임을 하고 있다.

哲洙正在打游戏。

★ -고 계시다

할아버지께서는 독서를 하고 계신다.

爷爷在读书。

★ -는 중이다

철수는 회사에 가는 중이다.

哲洙正在往公司走。

★ -는 중에 있다

철수는 밥을 먹는 중에 있다.

哲洙正在吃饭。

★ -는 중에 계시다

회장님께서는 독서를 하시는 중에 계신다.

会长正在读书。

★ -아/어/여 가다

나는 어려운 수학문제를 잘 풀어 간다.
我解数学难题解得很好。

★ -아/어/여 오다

아침 햇살이 점차 밝아 온다.
晨曦渐渐亮起来了。

★ -지 마라

청소를 하는 사람을 방해하지 마라.
别妨碍正在打扫卫生的人。

② 完了相：表示过程已完了的状况。

★ -아/어/여 있다

수면에 나뭇잎이 떠 있다.
水面上漂着树叶。

★ -아/어/여 계시다

아버지께서 저기에 서 계신다.
爸爸站在那儿。

★ -아/어/여 내다

그는 철수한테서 기어이 책을 받아 냈다.
她终于从哲洙那儿要回了书。

★ -고 나다

너는 대학원을 졸업하고 나서 무슨 일을 할 거니?
你研究生毕业后想干什么?

★ -아/어/여 두다

영어 숙제를 다 해 두었다.
英语作业全部做完了。

★ -아/어/여 버리다

그는 남은 과일을 모두 먹어 버렸다.
她把剩下的水果全吃掉了。

★ -아/어/여 놓다

여행을 갈 수 있는 준비를 다 해 놓았다.
旅行的准备工作全部做好了。

★ 由先语末词尾'-았/었/였-'实现

나는 그 소설을 다 읽었다.
我把那本小说全看完了。

★ 由定语形词尾"-ㄴ/은/는"实现

내가 아까 본 경치는 영원히 잊지 못할 것이다.
我永远也忘不了刚才看到的景象。

③ 预定相：预计某一事件将要发生的状况。

★ 由定语形词尾"-(으)ㄹ"实现

그는 한국에 가서 구경할 곳을 알아 보려고 한다.
他想打听将要去韩国参观的地方。

★ -게 되다

다음 주부터 나는 증권 회사에 다니게 되었다.
从下周开始，我要去证券公司上班。

★ -게 하다

그 환자로 하여금 내일 아침부터 저녁까지 밥을 못 먹게 하였다.
明天一天都不能让那个病人吃饭。

★ -려고 하다

나는 앞으로 착하게 살려고 한다.
我以后要做个好人。

★ -고자 하다

나는 이제부터 열심히 취직준비하고자 한다.
我要从现在开始努力准备找工作。

（2）词汇相：词汇相又可分为顺序相（순서상），瞬间相（순간상），持续相（지속상），反复相（반복상）。

① 顺序相：是指示顺序时间关系的相，又可细分为先行相（선

행상), 同时相（동시상），后行相（후행상）。

★ 先行相：表示先行相的时间副词有：처음（第一），본래（本来），미리（事先），비로소（才），먼저（先），우선（首先），지레（事前），일찍（早）等。如：

그는 내가 대학에 입학하여 <u>처음</u> 사귄 친구이다.
他是我上大学后第一个交往的朋友。

★ 同时相：表示同时相的时间副词有：한꺼번에（一下子），같이（一起），함께（一块儿），더불어（同时），마침（正好），일제히（一齐）等。如：

그는 <u>한꺼번에</u> 사과와 귤을 다 먹었다.
他一下子把苹果和橘子全吃了。

★ 后行相：表示后行相的时间副词有：마침내（终于），결국（结果），드디어（终于），이윽고（过了一会儿），필경（毕竟）等。如：

그는 열심히 공부하여 <u>마침내</u> 대학교 교수가 되었다.
他努力学习，最终成为一名大学老师。

② 瞬间相：是表示某一事件在极短的瞬间完成的相。表示瞬间相的时间副词有：갑자기（突然），급자기（忽然），난데없이（突然），문득（突然），별안간（转眼间），언뜻（猛然），홀연히（忽然），즉시（马上）等。如：

ㄱ. <u>갑자기</u> 비가 왔다.

突然下起了雨。

ㄴ. 그 사람이 <u>문득</u> 생각났다.
　　突然想起了那个人。

③ 持续相：是表示事件或状态在一定时间内持续的相，又被称为继续相（계속상）或期间相（기간상）。表示持续相的时间副词有：늘（经常），항상（常常），언제나（总是），내내（一直），여전히（仍然），줄곧（一直），길이（永远），영원히（永远），지금껏（直到现在），오래（长期），차츰（渐渐）等。如：

ㄱ. 나는 <u>늘</u> 책을 읽는다.
　　我经常读书。

ㄴ. 그는 <u>여전히</u> 피아노를 잘 친다.
　　他钢琴仍然弹得很好。

④ 反复相：是表示事件单纯的或周期性反复的相。表示反复相的时间副词有：거듭（一再），다시（再），더러（有时候），또（又），도로（返回），날마다（天天），매일（每天），자주（经常），번번이（一次次地），흔히（常常），이따금（有时），때때로（间或），가끔（偶尔）等。如：

ㄱ. 철수가 <u>다시</u> 창업에 올인하였다.
　　哲洙重新全力以赴创业。

ㄴ. 나는 <u>이따금</u> 철수한테 전화를 한다.
　　我有时给哲洙打电话。

（三）叙述方法（서법）

1. 叙述方法的定义（서법의 정의）

叙述方法是话者说话时表达自己心理状态的语法范畴。一般由先语末词尾 "-겠-，-더-，-것-，-렷-" 等或终结词尾 "-(ㄴ/는)다，-(느)냐，-니，-나，-(는)구나，-도다，-(으)렴，-(으)다，-아/어，-오" 或迂回话法 "-ㄹ 것이다" 等来实现。如：

ㄱ. 철수야, 피자를 시켜 먹어라.
　　哲洙，点披萨吃吧。

ㄴ. 비가 자주 와서 화초가 잘 자라겠다.
　　总下雨，花草会长得很好的。

例 "ㄱ" 是表达话者向听者 "哲洙" 提出吃披萨的建议用命令形终结词尾 "-어라" 表示命令法；例 "ㄴ" 是话者看到下雨，推测花草将会长得好的句子，用先语末词尾 "-겠-" 表示推测法。

2. 叙述方法的分类（서법의 분류）

（1）由先语末词尾实现的叙述方法（선어말어미로 실현되는 서법）

① 直接叙说法（직설법）：以说话的时间为基准，直接叙述某一事实的叙述方法。如：

지구는 태양의 주위를 돈다.
地球绕着太阳转。

② 推测法（추측법）：表示推测、意志、可能性等的叙述方法，也叫未决法（미결법）。一般由先语末词尾"-겠-，-(으)리)"，及"-ㄹ 것이다"形式实现。如：

다음 학기에 나는 반드시 장학생이 되겠다/ 될 것이다.
下学期我一定要得奖学金。

③ 回想法（회상법）：表示对某一事实进行追叙的叙述方法，由先语末词尾"-더-"等来实现。如：

철수가 노래를 잘 부르더라.
哲洙歌唱得很好啊。

④ 确认法（확인법）：表示对某一事实进行确认的叙述方法，由先语末词尾"-것-，-렷-"等来实现，有古语色彩。如：

ㄱ. 네가 진정 그런 말을 했것다.
　　你真的说过那样的话。
ㄴ. 정녕 거짓말이 아니렷다.
　　真的不是谎话。

(2) 由终结词尾实现的叙述方法（종결어미로 실현되는 서법）

一般终结词尾的叙述方法分为平叙法（평서법）、疑问法（의문법）、命令法（명령법）、请诱法（청유법）。也有的将属于平叙法的感叹法（감탄법）、祈愿法（기원법）、应诺法（응낙법）、约定法（약정법）单列。本书系后者。

① 平叙法（평서법）：由终结词尾"-다, -지, -네, -아/어,

-마, -ㅁ세" 등实现。词尾 "-다" 在先语末词尾 "-더-, -리-" 后面有时变为 "-라"。如：

ㄱ. 인생은 짧다.
　　人生是短暂的。

ㄴ. 철수가 영희와 함께 영화관에 들어가더라.
　　哲洙和英姬一起去电影院了。

② 疑问法（의문법）：由终结词尾 "-니, -(느)냐, -(ㄴ/는)가, -나, -지, -아/어, -오, -ㅂ니까" 等实现。如：

ㄱ. 학교에 가냐?
　　去学校吗？

ㄴ. 어디를 가오?
　　去哪儿？

③ 命令法（명령법）：由终结词尾 "-아라/어라, -아/어, -게, -오, -ㅂ시오" 等实现。如：

ㄱ. 이것을 많이 가지고 가.
　　多拿点这个。

ㄴ. 나를 따르라.
　　跟我来。

④ 请诱法（청유법）：由终结词尾 "-자, -아/어, -세, -ㅂ시다" 等实现，汉语里也叫共动。如：

ㄱ. 나와 같이 학교에 가자.

跟我一起去学校吧。

ㄴ. 길 좀 물어 봅시다.

我们问问路吧。

⑤ 感叹法（감탄법）：由终结词尾 "-(는)구나, -도다, -구면, -아라/ 어라" 等实现。如：

ㄱ. 물이 몹시 맑도다.

水真清呀！

ㄴ. 저 여자의 키가 꽤 크구면.

那个女孩个子真高！

ㄷ. 찔레꽃이 매우 아름답구나.

野玫瑰真漂亮！

⑥ 祈愿法（기원법）：由终结词尾 "-(으)소서" 等实现。如：

ㄱ. 부디 건강하소서.

祝您身体健康。

ㄴ. 고이 잠드소서.

安息吧。

⑦ 应诺法（응낙법）：由终结词尾 "-(으)려무나" 或其缩略形式 "-(으)렴, -(으)려마" 实现。如：

ㄱ. 이 책을 가지려무나.

这本书你拿走吧。

ㄴ. 가고 싶으면 가렴.
　　想去就去吧。

⑧ 约定法（약속법）：由终结词尾"-(으)마，-ㄹ게"等实现。汉语里也叫承诺法。如：

ㄱ. 내가 사 주마.
　　我给你买。

ㄴ. 내가 너를 한국에 데리고 갈게.
　　我带你去韩国。

（四）强调（강조）

1. 强调的定义（강조의 정의）

强调是表示话者想把某一特定的内容更明确地转达给听者的实现方法。

2. 强调的实现方法（강조의 실현방법）

（1）音韵的方法（음운적 방법）：说话时使声音的长度、高度、强度伴有感情色彩，如："먼 나라"中的"어"音发长来强调"멀다（远的）"意义；或在书中把句子的要强调的部分用加粗或加下画线的方式印刷，读时加重语气来表示强调突出。如：

ㄱ. **철수가** 사과를 먹었다.
　　是哲洙把苹果吃了。

ㄴ. 철수가 **사과를** 먹었다.

是哲洙把**苹果**吃了。

ㄷ. 철수가 사과를 **먹었다**.

是哲洙把苹果**吃了**。

（2）词汇的方法（어휘적 방법）：以反复的方式形成合成词表示强调。如：

집집（家家），나날（日益），차디차다（冰凉冰凉），크디크다（大大的）

（3）派生的方法（파생적 방법）

① 由派生接头词实现（파생 접두사에 의해）如：

[짓-]—짓밟다（践踏）　　　[뒤-]—뒤흔들다（猛摇）

② 由派生接尾词实现（파생 접미사에 의해）如：

[-치]—놓치다（错过）　　　[-뜨리]—깨뜨리다（打破）

③ 内部派生法（내적 파생법）如：

깜깜하다—캄캄하다（漆黑）　노랗다—누렇다（黄）

（五）敬语（경어）

1. 敬语的作用（경어의 작용）

韩国语是一种严格遵守长幼辈分、职位高低的语言，拥有十分发达的敬语是韩国语的一大特色。经过长期的历史积淀，韩国语的敬语已经形成了一个完整的体系——敬语论。在敬语论中，敬语有着严格的区分和规范的使用原则。在韩国人的现实生活中，怎样称呼对方，怎样表达自己的思想，时刻都要以话者和听者的年龄、身份、地位、相互间关系的融洽程度以及当时的语言环境为前提来进行。稍有不慎，便很容易给对方留下没有礼貌、缺乏教养的印象。

韩国语的敬语现象普遍存在于韩国人生活的方方面面，错综复杂，但韩国语的敬语已形成了一个完整的体系。如果我们能够从体系上把握住它的主要脉络，对学习和使用韩国语，进一步了解韩国社会，进而透视韩国人的思考方式与行为特征都是大有裨益的。

2. 敬语的分类（경어의 분류）

（1）第一种分类方式（첫 번째 분류 방식）

韩国语敬语法根据其作用的对象不同，主要分为主体敬语法（주체경어법）、客体敬语法（객체경어법）和听者敬语法（청자경어법）三大类。

① 主体敬语法：表示对句中行动主体的尊敬。如：

선생님들께서는 농구를 하고 계신다.

老师们在打篮球。

② 客体敬语法：表示对句中行为作用的客体的尊敬。如：

혜숙아, 이 편지 할아버지께 갖다 드려라.

惠淑啊，把这封信给爷爷送去。

③ 听者敬语法：较之前两种敬语法，听者敬语法要相对复杂

些，有如下两个特征。

第一，主体敬语法和客体敬语法所尊敬的对象可以在说话现场，也可以不在说话现场，而听者敬语法所尊敬的对象则一定得在说话现场出现。

第二，听者敬语法所尊敬的对象——听话者不一定要在句子中明确出现，这一点与前两种敬语法有所区别。如：

★1 ㄱ. 비가 온다.　　★2 ㄱ. 아버지가 오신다.

　　ㄴ. 비가 와요.　　　　ㄴ. 아버지가 오세요.

　　ㄷ. 비가 옵니다.　　　ㄷ. 아버지가 오십니다.

　　下雨了。　　　　　　父亲来了。

从上面的例句可以看出，随着听者的不断变化，通过使用不同的终结词尾，就可以表现出对听者的尊敬与否以及对其尊敬的程度如何。"★1 ㄱ"和"★2 ㄱ"没有表现对话者的尊敬，"★1 ㄴ"和"★2 ㄴ""★1 ㄷ"和"★2 ㄷ"都表现出对听者的尊敬，但"★1 ㄷ"和"②ㄷ"所表现的尊敬程度要比"★1 ㄴ"和"★2 ㄴ"高。

（2）第二种分类方式（두 번째 분류 방식）

根据敬语是直接还是间接地作用于对象，韩国语的敬语法又可分为直接敬语法（직접 경어법）和间接敬语法（간접 경어법）两种。如：

① ㄱ. 선생님은 책을 읽고 계십니다.

　　老师正在读书。

ㄴ. 아버지께서 회사에 다니십니다.
爸爸在公司上班。

② ㄱ. 할머님께서 허리가 많이 굽으셨구나.
奶奶的腰又弯了许多。

ㄴ. 형님은 키가 크시다.
哥哥的个子很高。

ㄷ. 과장님의 넥타이가 참 멋있네요.
科长的领带真漂亮啊！

①是使用直接敬语的例子，通过使用"있다"的尊敬形式"계시다"及"께서，시"直接表达出了对句子主体的尊敬。②则是通过对所要尊敬的人身体的某一部分，或者某人所持有的物品的尊敬间接地反映出对主体的尊敬。

3. 敬语的要素及表达方法（경어의 요소와 표현 방법）

韩国语敬语的要素主要包括尊敬词尾"-시-"、接头词"귀"接尾词"-님"、主格助词"-께서"、与格助词"-께"、词汇（主要包括名词、动词、形容词、量词、副词）等。还可以通过称呼、委婉语的表达句式、终结词尾等表达方法实现。

（1）尊敬词尾"-시-"

这里所说的尊敬词尾主要是指先语末词尾"-시-"。将"-시-"加在谓词词干、体词谓词形后，可以表达话者对句子主体的一种尊敬。如：

ㄱ. 누가 오실까?

谁会来？

ㄴ. 할아버지, 이분이 저희 회사 사장님이십니다.

爷爷，这位是我们公司的董事长。

(2) 接头词（접두사）"귀-"

在指称对方时，韩国人往往添加表示尊敬的接头词（접두사）"귀-"等，比如귀국（贵国）、귀사（贵公司）、귀교（贵校）、귀부인（贵夫人）。而指称自己一方时，则称본국（本国）、본회사/당사（本公司）、본교（本校）等。如：

귀사의 발전을 기원합니다.

祝贵公司日益发展昌盛。

(3) 接尾词（접미사）"-님"

① 职务+"-님" 如：

과장-과장님（科长），부장-부장님（部长），선생-선생님（先生）

② 表示亲属的名词+"-님" 如：

형-형님（兄），누나-누님（姐），오빠-오라버님（哥），아버지-아버님（父亲），어머니-어머님（母亲），아들-아드님（儿子），딸-따님（女儿）

(4) 助词（조사）

主要有主格助词（주격조사）"-께서"、与格助词（여격조사）"-께"及独立格助词"여(이여)"。如：

ㄱ. 아버지께서 무슨 말씀을 하셨니?

父亲都说了些什么?

ㄴ. 저 아이를 할머님께 보냅시다.

将那孩子送到奶奶那儿吧。

ㄷ. 나의 조국이여, 영원히 번창하라.

我的祖国啊,祝你永远繁荣!

(5) 词汇（어휘）

① 表示尊敬的名词及其对应的词汇

如：진지-밥（饭），말씀-말（话），성명/성함/존함/함자-이름（名字），존엄-얼굴（脸），연세/춘추-나이（年龄）等。如：

ㄱ. 너는 금년에 나이가 몇이니?

你今年多大了?

ㄴ. 장인어른께서는 금년에 연세가 어떻게 되시니?

你老丈人今年贵庚啊?

② 表示尊敬的动词及其对应的词汇

如：드시다/잡수시다-먹다（吃），주무시다-자다（睡），계시다-있다（在）等。如：

ㄱ. 할머님이 진지를 잡숫고 계십니다.

奶奶正在吃饭。

ㄴ. 넌 언제 밥 먹니?

你什么时候吃饭?

③ 表示尊敬的形容词及其对应的词汇

如：깜찍하다/사랑스럽다-귀엽다（可爱），의젓하다-점잖다

(稳重），편찮으시다/아프시다-아프다（疼）等。如：

ㄱ. 어머님께서 오늘따라 몹시 편찮으시다.
　　妈妈今天尤为难受。

ㄴ. 어머님께서 수술한 자리가 몹시 아프시단다.
　　妈妈说做过手术的部位很疼。

④ 表示尊敬的代词及其对应的词汇

★ 人称代词：

按第一、第二、第三人称代词可分为

第一人称代词：저-나（我），（自谦词）저희-우리（我们）

第二人称代词：자네/당신/어르신/댁-너（你）

第三人称代词：그분-그

★ 指示代词：이분/그분/저분（这位/那位）-이이/그이/저이。如：

ㄱ. 나도 같이 갈래.
　　我也一起去。

ㄴ. 저는 이교수님의 학생입니다.
　　我是李教授的学生。

⑤ 表示尊敬的量词及其对应的词汇：분（位）-명/사람。如：

ㄱ. 손님이 몇 명/사람이 왔어요?
　　来了几位客人？

ㄴ. 손님이 몇 분 왔어요?
　　来了几位客人？

⑥ 表示尊敬的副词及其对应的词汇：손수/친히-직접（亲自）。如：

ㄱ. 제가 직접 갈게요.

　　我去吧。

ㄴ. 사장님께서 친히 가셨어요.

　　经理亲自去了。

⑦ 表示尊敬的感叹词及其对应的词汇

打招呼时的用语：여보세요-얘.（喂）

应答时的用语：예/네,그래요.-응, 그래.（好的）

　　　　　　　글쎄요.-글쎄（是的）

　　　　　　　천만에요. -천만에（哪里）

否定回答时的用语：아니요/아닙니다. -아니/아니다.（不）。如：

ㄱ. -할아버지, 진지 드십시오.

　　爷爷,请吃饭吧。

　　-응, 그래.

　　好的。

ㄴ. -철수야, 이 애 좀 봐라.

　　哲洙，看一下这孩子。

　　-예, 알겠어요.

　　嗯，知道了。

（6）称呼语（호칭어）

对不同的人用不同的称呼，对同一个人在不同的场合使用不同的称呼，可以表示不同的尊敬程度。比如说，对一个在某公司里担任科长一职，名字叫做"김민호"的人，从不同的角度就会产

生各种不同的称呼。在这里至少可以列举出 14 种：

① 과장님　② 김 과장님　③ 김민호 씨　④ 민호 씨
⑤ 민호 형　⑥ 김 과장　⑦ 김 씨　⑧ 김 형
⑨ 김 군　⑩ 김민호 군　⑪ 민호 군　⑫ 김민호
⑬ 민호　⑭ 민호야

这 14 种称呼的尊敬程度从①到⑭依次降低。

(7) 委婉语表达句式（완곡한 표현）。如：

ㄱ. 국어사전을 좀 빌려 주셨으면 좋겠습니다.
ㄴ. 국어사전을 좀 빌려 주셔도 돼요?
ㄷ. 국어사전을 좀 빌려 주실래요?
ㄹ. 국어사전을 좀 빌려 주세요.
　你能把国语词典借我用一下吗？

我们能够明显地体会出前三句与最后一句的不同之处。前三句的表达方式较之第四句要委婉、柔和许多。这样的表达方式不仅可以委婉、准确地表达出话者的意图，而且还可以表达出对对方的尊敬。同样，在劝阻别人不要干某事时，也可以使用委婉的语气。如：

ㄱ. 창문을 닫지 않아도 돼.
　窗不关也行。
ㄴ. 창문을 닫지 마라.
　别关窗。

例"ㄴ"给人的感觉很生硬，有时甚至会招致对方反感。所以应该根据不同场合、语境的需要，选择使用一些委婉的表达方式，例"ㄱ"的表述就比较委婉。

(8) 终结词尾（종결어미）

终结词尾通常分为三个阶称：尊称（존대）、平称（평대）、卑称（하대）。其中每个阶称又分为正式体和非正式体两个等级。其六个等级分别为：卑阶（해라체）、不定阶（해체，반말체）、准平阶（하게체）、平阶（하오체）、准尊敬阶（해요체）、尊敬阶（합쇼체）。每个等级在不同的句子类型中都要用不同的终结词尾来表达。下面我们来看一下每个句式的六个等级：

① 陈述句（평서문）

★ 공부를 하-ㄴ다.（在学习） － 해라체
★ 공부를 해. － 해체（반말체）
★ 공부를 하-네. － 하게체
★ 공부를 하-오. － 하오체
★ 공부를 해요. － 해요체
★ 공부를 하-ㅂ니다. － 합쇼체

② 疑问句（의문문）

★ 교실에 가-느냐?（去教室吗？） － 해라체
★ 교실에 가-아 (가)? － 해체（반말체）
★ 교실에 가-나? － 하게체
★ 교실에 가-오? － 하오체
★ 교실에 가-아요(가요)? － 해요체
★ 교실에 가-ㅂ니까? － 합쇼체

③ 命令句（명령문）

★ 공부 좀 해라. (学习吧。)　　　－ 해라체

★ 공부 좀 해.　　　　　　　　　－ 해체 (반말체)

★ 공부 좀 하게.　　　　　　　　－ 하게체

★ 공부 좀 하오.　　　　　　　　－ 하오체

★ 공부 좀 해요.　　　　　　　　－ 해요체

★ 공부 좀 하십시오.　　　　　　－ 합쇼체

④ 共动句（청유문）

★ 우리 같이 교실에 가자.　　　－ 해라체

　（咱们一起去教室吧。）

★ 우리 같이 교실에 가.　　　　－ 해체 (반말체)

★ 우리 같이 교실에 가세.　　　－ 하게체

★ 우리 같이 교실에 가오.　　　－ 하오체

★ 우리 같이 교실에 가요.　　　－ 해요체

★ 우리 같이 교실에 갑시다.　　－ 합쇼체

第四章　词汇及词义论
(어휘및 어휘 의미론)

　　词汇在语言中占有非常重要的位置，要学好一门语言，首先要掌握词汇。韩国语的词汇非常丰富，本章将主要围绕韩国语词汇的分类、构词法以及词汇的意义进行叙述。

一、词汇的基本概念
(어휘의 기본 개념)

　　词汇是一种语言使用的词的总称，而词是语言里能够独立运用，有一定意义的最小单位。

二、词汇的分类 (어휘의 분류)

（一）**按词汇来源分类** (어원에 의한 분류)
　　按词汇的来源（어원）分类，一般可分为固有词、汉字词、外来语及混合词等。

1. 固有词（고유어）

固有词是以韩国语固有的语言资料为基础创制的词汇。如：고양이（猫）、씻다（洗）、덥다（热）。

2. 汉字词（한자어）

汉字词是借用汉字的意思，用韩国语发音的词汇。韩国语的汉字词并不都是从中国传入的，还有从日本传入的汉字词以及韩国在汉字基础上自创的汉字词。如：

（1）从中国传入的汉字词：국가（國家），학교（學校），미래（未來）

（2）从日本传入的汉字词：할인（割引/折扣），소매（小賣/零售），거시적（巨視的/宏观）

（3）自创的汉字词：편지（便紙/信），사발（沙鉢/碗），미안（未安/对不起）

3. 外来语（외래어）

外来语是指固有词、汉字词以外，从外国借用而用韩国语发音的词。如："세미나（研讨会）""로케트（火箭）""크레용（蜡笔）"等。外来语的传入途径一般是直接传入，但也有一些是间接传入的。如"담배（香烟）"来自葡萄牙语，却是通过日语传入的。

4. 混合词（혼종어）

混合词是指由固有词、汉字词、外来语相互结合而组成的词。如：

固有词+汉字词： 가루약　　　　（药粉）
汉字词+固有词： 매화꽃　　　　（梅花）
外来语+固有词： 나일론 옷　　　（尼龙衣服）
固有词+外来语： 딸기잼　　　　（草莓酱）
外来语+汉字词： 잉크병　　　　（墨水瓶）
汉字词+外来语： 우승컵　　　　（优胜杯）
外来语+外来语： 버터빵　　　　（黄油面包）

（二）按词性分类（품사에 의한 분류）

韩国语的词性有名词、代词、数词、动词、形容词、冠词、副词、助词、感叹词九种。具体的分类情况在第三章的形态论部分已专门叙述。

（三）按意义分类（의미에 의한 분류）

为了方便使用词汇，有时会按照词汇的意义进行分类并编成分类词汇词典。各分类词典所做的分类虽然不尽相同，但大体上还是一致的，韩国有的分类词典将词汇分成 18 大项，163 小项，21272 个条目。

（四）按音节分类（음절에 의한 분류）

韩国语的词汇结构在音节形式上有单音节和多音节之分。其中多音节词汇为大多数，但单音节的词汇也不少。

1. **单音节词**：책（书），발（脚），배（腹）……

2. 二音节词：문명（文明），선배（学长），아침（早晨）……
3. 三音节词：세탁소（洗衣店），가랑눈（小雪），동물원（动物园）……
4. 四音节词：미꾸라지（泥鳅），아주머니（大嫂），비렁뱅이（乞丐）……
5. 五音节词：괴나리봇짐（包袱），하늘다람쥐（飞鼠），하룻강아지（刚出生不久的小狗）……
6. 六音节词：어슬렁거리다（慢慢走），자질구레하다（鸡毛蒜皮，琐琐碎碎）……
7. 七音节词：헐레벌떡거리다（气喘吁吁），간들간들거리다（轻轻摇动）……
8. 八音节词：바스락바스락대다（不断发出啪啦啪啦声响），어물쩍어물쩍대다（想蒙混过去）……
9. 九音节词：꼼지락꼼지락거리다（不断轻轻移动身体）……

（五）按时代分类（시대에 의한 분류）

韩国语的发展进程按照时代大致经历了四个时期，分别是古代韩国语（고대한국어）、中世韩国语（중세한국어）、近代韩国语（근대한국어）和现代韩国语（현대한국어）。

（六）按阶层分类（계층에 의한 분류）

韩国语还可按照阶层分为学术语（학술어）、职业语（직업어）、儿童语（아동어）、老人语（노인어）和学生语（학생어）等。

(七) 按声音和状态分类 (소리 및 상태에 의한 분류)

按照声音和状态可把韩国语的部分词汇划分为拟声词（의성어）和拟态词（의태어）。

1. **拟声词**：주룩주룩（哗啦哗啦），팔랑팔랑（哗啦啦地）……
2. **拟态词**：구물구물（蠕动貌），삐죽삐죽（伸出貌）……

(八) 按实际意义有无分类 (실제 의미 유무에 의한 분류)

韩国语的词汇按照实际意义有无可以分成两类。即有实际独立意义的词和没有实际意义的形式词。韩国语中大部分都是有实际独立意义的词，也有一部分形式词，如助词，这些词需要与有实际意义的词相结合来表现一定的意义，其本身是不具备实际意义的。

1. **实际独立意义的词**：눈물(眼泪)，사회(社会)，타자(打字)……
2. **形式词**：-도，-에게，-처럼，-만큼……

(九) 其他分类 (기타 분류)

韩国语还可分为口语（구어）和书面语（문어），俗语（속어）和雅语（아어），谚语（속담）和一般语（일반어），敬语（경어）和非敬语（비경어）等。

三、构词法 (단어 형성법)

构词法就是创造新词语的方法，所以也叫造词法。构词就是创造新词语的意思。即用词根与词根的结合，词根与接头接尾词的结合或创造词根等方式来创造新词语。

　　构词法还可具体分为合成法（합성법）、派生法（파생법）、词根创造法（어근창조법）等。合成法用来构成合成词，派生法用来构成派生词，而词根创造法是用来创造新词语的。其中又包括创造从不曾有过的新词和从别的词语中借词两种方法。下面将要介绍的新词的创造就是属于前者，而换称、借用外来语和民间语源则属于后者。

（一）合成法（합성법）

　　合成法是指由两个以上的独立词结合而组成新词的方法。用这种方法组合而成的词叫做合成词。合成词可以按照语源和词性进行再分类。

　　1. 按照词汇来源分类（어원에 의한 분류）
　　（1）固有词+汉字词：밥상(饭桌), 간장(酱油)……
　　（2）固有词+日语：새우뎀뿌라(面粉炸虾), 노랑구두(黄皮鞋)……
　　（3）固有词+外来语：찐빵(馒头), 사과잼(苹果酱)……
　　（4）汉字词+日语：전등다마(电灯泡), 다다미방(榻榻米房间)……
　　（5）汉字词+外来语：계란빵(鸡蛋面包), 국산라이터(国产打火机)……
　　（6）外来语+外来语：월드컵(世界杯), 커피숍(咖啡厅)……

2. 按照词性分类（품사에 의한 분류）

（1）合成名词（합성명사）

名词+名词：돌다리(石桥)，손발(手脚) ……

名词+添加音+名词：냇가(小溪边)，수탉(公鸡) ……

动词、形容词的定语形+名词：큰아버지(大伯)，디딜방아(碓) ……

动词、形容词的词干+名词：곶감(柿饼)，닿소리(元音) ……

动词的活用形+ 名词：비켜덩이(铲到一边的土块)，살아생전(生前) ……

冠词+名词：요즘(最近)，새달(新月) ……

副词+名词：딱총(玩具枪)，뻐꾹새(布谷鸟) ……

副词+副词：잘못(错误) ……

名词+助词+名词：쇠고기(牛肉) ……

固有词名词+外来语名词：딸기잼(草莓酱) ……

（2）合成代词（합성대명사）

이이(这个人)，그이(那个人)，저이(那个人，远称) ……

（3）合成动词及合成形容词（합성동사·합성형용사）

名词+动词、形容词：눈멀다(瞎眼)，성나다(生气，发怒) ……

动词词干+动词：붙잡다(抓住)，오가다(来往) ……

谓词的活用形+动词、形容词：돌아가다(回去)，좋아하다(喜欢) ……

副词+谓词：못하다(不能)，가로막다(挡住，拦截) ……

谓词的定语形+名词+谓词：잔걱정하다(担心琐碎的事) ……

（4）合成冠词（합성관형사）

冠词+冠词：몇몇(若干)……

冠词+名词：온갖(各种)……

副词+谓词的定语形：몹쓸(糟透)……

数词+谓词的定语形：여남은(十几个)……

（5）合成副词（합성부사）：

名词+名词：밤낮(昼夜)，구석구석(每个角落)……

代词+助词+名词：제각기(各自)……

冠词+名词：한참(好半天)，어느새(不知不觉间)……

名词+助词+名词+助词：도나캐나(不三不四)……

谓词+词尾+谓词+词尾：오나가나(来来回回)，자나깨나(时时刻刻)……

副词+副词：곧잘(时常，相当好)，잘못(不合适地)……

谓词的冠词形+依存名词：이른바(所谓)……

（6）合成助词（합성조사）

에는，에도，만은，에게는，에게도……

（二）派生法（파생법）

　　派生法是用来形成派生词的方法，即在词根的前后附加上接头词（접두사）、接尾词（접미사）形成新词语的方法。派生法还有以下三种分类。分别是内部派生法（내부파생법）、外部派生法（외부파생법）和特殊派生法（특수파생법）。其中外部派生中又分为接头词派生法和接尾词派生法，特殊派生又分为元音交替法

(모음교체법)和辅音交替法（자음교체법）。

1. 内部派生法（내부파생법）

内部派生法是由一个单词的内部发生变化而派生出另一个或其他数个不同意义的词的方法。如：

줌（把）—주먹（拳）—주무르다（触摸）—쥐다（抓，握）—줍다（捡）—잡다（抓）—집다（夹，拾）

목（喉，颈）—먹다（食）—모가지（脖子）—목정강이（颈骨）—멱（前颈）

2. 外部派生法（외부파생법）

外部派生法是在词根前后加上接头词或接尾词而派生出新词语的方法。

（1）接头词（접두사）

接头词是附加于词根前，构成新词的形态素。接头词只起限制词根的作用，不能改变词性。

① 构成体词的

가랑: 가랑비(细雨), 가랑이(枝杈)……

갈: 갈가마귀(燕乌), 갈거미(白蜘蛛)……

갓: 갓스물(刚20岁), 갓마흔(刚四十)……

강: 강호령(无理斥责), 강풀(稠糨糊), 강술(寡酒)……

갖: 갖두루마기(皮长袍), 갖저고리(皮上衣)……

개: 개머루(山葡萄), 개꿈(乱七八糟的梦), 개나발(吹牛), 개꽃(野花)……

第四章 词汇及词义论（어휘및 어휘 의미론）

골: 골선비(死板书生), 골생원(迂夫子)……
군: 군소리(废话), 군불(除做饭外, 为热炕烧的火), 군말(废话)……
날: 날고기(生肉), 날가죽(生皮), 날강도(匪徒), 날고추(生辣椒), 날벼(湿稻子), 날벼락(晴天霹雳), 날바늘(未穿线的针)……
내리: 내리사랑(对晚辈的爱)……
늦: 늦가을(晚秋), 늦둥이(老来子), 늦곡식(晚庄稼), 늦봄(暮春)……
덧: 덧니(重牙), 덧문(双层门的外层门), 덧신(套鞋), 덧거름(追肥)……
데: 데생각(不成熟的想法)……
도: 도원수(拔尖园丁), 도목수(拔尖木匠)……
돌: 돌배(山梨), 돌중(假和尚), 돌미나리(野芹菜), 돌감(山油柿)……
되: 되생각(深思熟虑), 되사정(多次出现的事), 되트집(倒打一耙)……
된: 된밥(硬饭), 된매(毒打), 된욕(大苦头), 된시름(忧愁), 된추위(严寒)……
뒤: 뒤범벅(混淆不清), 뒤설레(一个劲地催)……
들: 들국화(野菊花), 들나물(野菜), 들깨(白苏、苏子), 들기름(苏子油)……
땅: 땅고집(顽固)……
막: 막차(末车), 막과자(不好的点心), 막말(胡言乱语),

막살림(混日子)……

맏: 맏딸(长女), 맏물(当年最初收获的果实或粮食), 맏배(头胎)……

말: 말잠자리(大蜻蜓), 말매미(大蝉), 말박(大葫芦)……

맞: 맞바람(迎面风), 맞바둑(难分胜负的一盘围棋), 맞벌이(双职工)……

맨: 맨손(空手), 맨처음(最先), 맨몸(赤身), 맨꽁무니(无本钱)……

맹: 맹물(清水), 맹물국(清汤)……

메/멥: 멥쌀(粳米), 메벼(粳稻), 메조(粳粟), 메떡(粳米糕)……

몰: 몰표 (全都集中到一人身上的选票)……

뭇: 뭇새(群鸟), 뭇별(群星), 뭇사람(众人), 뭇짐승(群兽), 뭇입(众口)……

민: 민머리(光头), 민며느리(童养媳), 민날(不带鞘的刀, 白刃)……

민둥: 민둥산(秃山), 민둥씨름(不绑腿绳的摔跤, 光腿摔跤)……

밭: 밭주인(男主人)……

벌: 벌불(因烛芯倒向一方而蔓延出的火)……

불: 불가뭄(大旱), 불개미(红蚂蚁), 불강아지(小瘦狗), 불호령(大声呵斥)……

빗: 빗면(斜面), 빗금(斜线), 빗변(斜边)……

살: 살얼음(薄冰)……

생: 생나무(湿木头), 생고생(白辛苦), 생금살(暴毙), 생벼락(晴天霹雳)……
선: 선밥(夹生饭), 선잠(半睡半醒), 선웃음(假笑), 선떡(生糕)……
쇠: 쇠고래(小鲸鱼), 쇠기침(老咳嗽), 쇠구들(烧不暖的炕)……
수/숫: 수탉(公鸡), 숫색시(处女)……
실: 실핏줄(毛细血管)……
알: 알약(丸药), 알곡식(纯粮), 알몸(裸体), 알부자(有实力的富人), 알맹이(仁儿, 精华)……
암: 암소(母牛), 암탉(母鸡), 암돼지(母猪), 암캐(母狗)……
애: 애호박(小南瓜), 애갈이(初耕), 애숭이(带稚气的人)……
얼: 얼죽음(半死不活), 얼간(半腌的)……
엇: 엇결(斜纹), 엇박이(到处晃荡), 엇셈(抵消), 엇그루(斜树墩)……
옥: 옥생각(自私的想法), 옥장사(亏本生意), 옥니(内倒牙)……
올: 올벼(早稻), 올감자(早土豆), 올고구마(早地瓜)……
옹: 옹솥(小锅), 옹고집(老顽固), 옹방구리(小罐)……
옹달: 옹달시루(小笼屉), 옹달솥(小锅), 옹달샘(小泉), 옹달우물(小井)……
외딴: 외딴집(独屋), 외딴곳(偏僻的地方), 외딴방(独房), 외딴나무(独木)……

외: 외아들(独生子), 외나무다리(独木桥), 외골목(单巷), 외바퀴(独轮)……

웃/윗:윗사람(上级或长辈), 웃어른(长辈), 윗도리(上方, 上衣)……

의붓: 의붓아들(义子), 의붓어머니(继母), 의붓아버지(继父)……

이/잇/입:이밥(白米饭), 잇짚(粳稻捆), 입쌀(粳米)……

잔: 잔돈(零钱), 잔말(废话), 잔기침(连声轻咳), 잔소리(絮絮叨叨)……

족: 족집게(小镊子)……

좀: 좀꽃(小花), 좀나무(小木头), 좀도둑(小偷), 좀꾀(小计谋)……

종: 종형제(堂兄弟), 종다리(小腿), 종구라기(小瓢), 종가래 (小锹)……

진: 진보라(深紫)……

짓: 짓고생(白辛苦), 짓망신(太丢脸)……

쪽: 쪽지(便条), 쪽문(小门), 쪽걸상(小板凳), 쪽나무(木块)……

차: 차조(黏谷子)……

찰: 찰떡(黏糕), 찰가난(艰难), 찰복숭아(无毛的桃), 찰교인 (忠实的信徒)……

참: 참말(真话), 참외(甜瓜), 참깨(芝麻), 참기름(香油), 참뜻(真意)……

첫: 첫사랑(初恋), 첫눈(初雪), 첫인상(第一印象), 첫이기(头胎)……

치: 치사랑(敬爱)……

통: 통마늘(整头蒜)……

푸: 푸대접(冷待), 푸솜(未弹的棉花)……

풋: 풋고추(青嫩辣椒), 풋내기(生手), 풋솜씨(不熟练的手艺)……

한: 한복판(正中间), 한길(大路), 한데(一起), 한밥(饱餐), 한열(干热)……

핫: 핫아비(유부남, 有妇之夫), 핫바지(棉裤), 핫두루마기(朝鲜式棉袍)……

해/햇/햅: 해콩(新豆子), 햇곡식(新粮), 햅쌀(新米), 물(新野菜)……

헛: 헛말(空话), 헛생각(妄想), 헛고생(白费劲), 헛일(白做的事)……

홀: 홀몸(单身), 홀어머니(寡母), 홀아비(鳏夫), 홀어미(寡妇)……

홑: 홑옷(单衣), 홑이불(夹被), 홑바지(单裤), 홑힘(个人的力量)……

황: 황소(大公牛), 황새(鹳), 황고집(死顽固)……

② 构成谓词的

거: 거세다(猛烈, 强烈), 거쉬다(粗哑), 거차다(强大, 猛烈)……

걸: 걸싸다(敏捷), 걸맞다(相配), 걸뜨다(在水中游)……
곰: 곰씹다(反复咀嚼), 곰삭다(衣服久存糟了)……
구: 구슬프다(悲痛，凄惨)……
깔: 깔보다(轻视), 깔뜨다(低浮)……
깡: 깡마르다(很瘦)……
냅: 냅뛰다(飞跑)……
내리: 내리긋다(向下划), 내리누르다(向下按), 내리뛰다(向下跑)……
늦: 늦되다(晚熟)……
다: 다쥐다(勒，抓紧)……
대: 대지르다(猛扑), 대차다(猛踢)……
덧: 덧깔다(重垫), 덧나다(更厉害), 덧끼다(再套上), 덧대다(再加一层)……
데: 데되다(不成器), 데바쁘다(非常忙), 데삶다(半熟), 데알다(一知半解)……
도: 도맡다(包办，承揽)……
되: 되묻다(反复问), 되돌아가다(重返), 되씌우다(转嫁)……
뒤: 뒤끓다(沸腾), 뒤받다(反抗), 뒤흔들다(乱摇), 뒤섞이다(混在一起)……
드: 드높다(很高), 드넓다(很宽), 드세다(强有力), 드빠르다(很快)……
들: 들이먹다(一个劲儿地吃), 들이치다(猛打), 들이부

第四章 词汇及词义论(어휘및 어휘 의미론)

치다(照射)……

막: 막살다(混日子), 막되다(胡来), 막보다(轻视)……

맞: 맞붙잡다(相抱), 맞받다(迎着), 맞추다(装配), 맞쇠다(较量)……

몰: 몰밀다(总括, 一并), 몰박다(密密地插)……

배: 배틀다(拧)……

배/베: 배돌다(有距离, 回避), 베돌다(加强배돌다的语气)……

벋/뻗: 벋서다(对抗), 뻗디디다(挺立), 벋놓다(放纵), 벋대다(固执)……

비/배: 비꼬다/배꼬다(拧, 扭)……

빗: 빗물다(斜叼), 빗듣다(听错), 빗디디다(歪脚), 빗서다(躲开)……

새/샛: 새까맣다(漆黑), 샛말갛다(清澈), 샛노랗다(黄澄澄的)……

설: 설익다(半生不熟), 설자다(打盹), 설다투다(冒失), 설맞다(未打中要害)……

숫: 숫되다(纯朴), 숫접다(纯真), 숫지다(厚道)……

시/싯: 시뻘겋다(深红), 시꺼멓다(深黑), 싯누렇다(深黄的)……

시: 시건드리지다(累过劲儿了)……

악: 악물다(用力咬), 악깨물다(咬紧)……

애: 애젊다(稚气未脱), 앳되다(嫩相)……

얄: 얄망스럽다(令人讨厌), 얄궂다(乖僻), 얄밉다(讨厌, 可憎)……

얼: 얼뜨다(糊里糊涂), 얼마르다(冻干), 얼부풀다(冻肿), 얼보다(模糊)……

엇: 엇가다(违背), 엇걸다(交织), 엇비슷하다(几乎一样), 엇걸다(绞)……

에: 에돌다(盘旋), 에굽다(微弯), 에두르다(围住)……

엿: 엿듣다(偷听), 엿보다(偷看), 엿살피다(窥视)……

옥: 옥갈다(往里磨)……

올: 올바르다(正确), 올되다(早熟), 올곧다(正直)……

올리: 올리뛰다(向上跳), 올리쏘다(向上射击), 올리긁다(向上搔抓)……

웃: 웃보다(向上看), 웃돌다(向上转), 웃자라다(疯长)……

잔: 잔갈다(细磨), 잔젊다(不显老), 잔다듬다(精心地修整), 잔널다(咬碎)……

좀: 좀되다(小心眼儿), 좀먹다(腐蚀, 蛀蚀)……

지르/지릅: 지르밟다(践踏), 지릅뜨다(瞪眼), 지르감다(眯缝着眼)……

짓: 짓누르다(乱压), 짓두드리다(乱打), 짓이기다(使劲搅拌)……

참: 참되다(真正), 참답다(真正)……

처: 처박다(用力钉), 처매다(绑, 包扎), 처먹다(乱吃)……

치: 치밀다(往上冒), 치받들다(高举, 爱戴), 치받다(顶住)

第四章 词汇及词义论（어휘및 어휘 의미론）

……
- 통: 통밀다(乱推)……
- 해: 해말갛다(白净), 해반드르르하다(白而光滑)……
- 헛: 헛디디다(失足), 헛되다(徒劳), 헛돌다(空转), 헛보다(看错)……
- 헤: 헤가르다(分开), 헤무르다(软弱，不坚固), 헤대다(四处奔走)……
- 회/휘: 회동그랗다(眼睛圆睁), 휘동그랗다(眼睛圆睁)……
- 휘/휩: 휘젓다(搅), 휩싸다(笼罩), 휘날리다(飘扬), 휘몰아치다(席卷)……

（2）接尾词（접미사）

接尾词是附加于词根后，构成新词的形态素。接尾词不仅起限制词根的作用，有时也可改变词性。

① 构成体词的

- 가마리: 욕가마리(挨骂鬼), 걱정가마리(让人担心的家伙)……
- 가웃: 되가웃(一升半多), 말가웃(一斗半左右)
- 개: 날개(翅膀), 아무개(什么人), 베개(枕头), 귀지개(耳挖子)……
- 갱이: 나무갱이(木屑), 알갱이(粒，个)……
- 거리: 패거리(一伙), 달거리(月经), 하루거리(疟疾)……
- 게/개: 집게(镊子), 우스개(笑话)……
- 골: 남산골(南山沟), 배나뭇골(梨树沟)……

광: 　어리광(撒娇)……
구리: 　멍텅구리(糊涂虫), 옆구리(肋下), 허구리(腰肢)……
기: 　달리기(跑), 기울기(倾斜), 쓰기(用)……
깔: 　색깔(色彩), 성깔(脾气), 빛깔(色彩)……
깽이: 　말라깽이(瘦干)……
께: 　그믐께(月底前后), 네거리께(十字路口附近), 가슴께(胸围)……
꼴: 　1000 원 꼴(1000 韩元左右), 두명 꼴(两名左右)……
꾸러기: 　잠꾸러기(瞌睡虫), 장난꾸러기(淘气鬼), 욕심꾸러기(贪心鬼)……
꾼: 　장사꾼(买卖人), 건달꾼(二流子), 공부꾼(书呆子), 익살꾼(小丑)……
내기: 　시골내기(乡下人), 풋내기(生手)……
네: 　남정네(男人们), 아저씨네(叔叔们)……
님: 　선생님 (老师) , 어머님(妈妈), 아버님(爸爸)……
다구니/다귀: 　뿌다구니(尖儿), 뿌다귀(뿌다구니的略词)……
다리: 　모양다리(样子), 늙다리(老头, 老的牲口), 키다리(细高挑个)……
다지: 　가로다지(横, 长方形)……
달: 　양달(向阳地), 산달(山地), 응달/음달(背阴地)……
대가리: 　멋대가리(姿态的卑称), 맛대가리(风度的卑称)……
댕이/대기: 　옆댕이(旁边的卑称), 옆대기(旁边的卑称)……
데기: 　새침데기(装蒜的人)……

第四章 词汇及词义论 (어휘및 어휘 의미론)

도리:　윗도리(上身，上衣)，아래도리(下身，下衣)……
돌이:　꾀돌이(小机灵鬼)，엿새돌이(每六天)……
둥이:　검둥이(黑人)……
들:　　사람들(人们)……
들이:　한 말들이(能盛一升的器皿)……
따귀:　빰따귀(面颊的卑称)……
딱부리: 눈딱부리(金鱼眼)……
딱서니/다구니: 철딱서니(事理的卑称)……
딱지:　결딱지(怒气)……
땀:　　불땀(火力)……
뚱이:　몸뚱이(块头)……
뜨검/찌금: 혼뜨검(吓坏)，혼찌검(打怕)……
뜨기:　촌뜨기 (村夫)，시골뜨기(乡巴佬)……
막:　　내리막(下坡)，늘그막(晚年)，가풀막(斜坡)……
매:　　눈매(眼神)，열매(果实)，입매(唇形)，몸매(身段)
　　　……
맹이:　꼬맹이(小鬼)，알맹이(仁儿，精华)……
머리:　베갯머리(枕头边)，논머리(田埂)……
메:　　굴뚝메(烟囱周围)，집메(房子周围)……
멩이:　돌멩이(小石头)……
(아)미:　귀뚜라미(蟋蟀)，동그라미(圆)……
밑:　　머리밑(枕头边)……
바리:　꾀바리(滑头的家伙)……

바지/치기: 막바지(尽头), 막치기(深处)……
바치: 장인바치(匠人的卑称)……
발: 눈발(雪丝)……
배기: 나이배기(岁数大的), 점배기(有斑点的)……
보: 뚱뚱보(胖子), 털보(毛多的人), 울보(爱哭鬼)……
부리/부렁이: 거짓부리(谎话的卑称), 텁석부리(络腮胡)……
붙이: 금붙이(金制品), 살붙이(亲骨肉)……
빼기: 재빼기(山顶, 山岭), 악착빼기(倔犟小孩), 곱빼기(双份儿)……
사귀/새: 잎사귀(叶子), 잎새(叶子)……
사니/머리: 지각머리(知趣), 지각사니(知趣)……
새: 본새(本色), 걸음새(走路的样子), 금새(行情)……
서리: 책상서리(桌子边), 모서리(棱角)……
성: 먹성(胃口)……
섶: 길섶(路边)……
송이/숭이: 벌거숭이(裸体, 光秃秃的), 애송이(毛孩子, 幼嫩的)……
시: 낚시(钓鱼)……
심: 뒷심(靠山), 뱃심(胆量, 肚量), 뚝심(牛劲), 입심(嘴硬)……
씨: 말씨(口音), 솜씨(本事), 마음씨(心地), 날씨(天气)……
아리: 노라리(无所事事)……
아지/아기: 바가지(瓢), 싸라기(碎米), 모가지(脖子)……

아치: 구실아치(作用), 벼슬아치(官儿), 장사아치(生意人的卑称)……

악서니: 꼬락서니(熊相)……

앙이: 꼬랑이(尾巴的卑称)……

어지: 나머지(余)……

어치: 값어치(价值), 천원어치(值千元的东西)……

엄/암: 주검(尸体), 마감(最后), 무덤(坟墓)……

엉/정/장/앙: 거멍(黑), 검정(乌黑), 노랑(黄), 감장(黑)……

에/애: 코뚜레(牛鼻环), 마개(塞子)……

에기: 쓰레기(垃圾)……

우쇠/짜: 구두쇠(吝啬鬼), 군짜(吝啬的人)……

웅: 지붕(屋顶)……

으러기: 끄트러기(木屑, 零头)……

으머리: 끄트머리(端, 头绪)……

음: 얼음(冰), 꿈(梦), 거름(肥料), 놀음(游戏), 웃음(笑)……

이: 풀이(解, 注), 얼간이(傻瓜), 삐주기(小脸子的人), 목걸이(项链)……

자기: 꾀자기(滑头)……

장: 끝장(结束)……

장이/정이: 심술장이(心眼坏的人), 검정이(黑东西)……

잡이: 마구잡이(胡搞), 왼손잡이(左撇子), 고기잡이(捕鱼)……

쟁이: 겁쟁이(胆小鬼)……

정이: 늙정이(老头子)……

지: 부러지(根)……

지거리: 농지거리(开玩笑), 욕지거리(辱骂的俗称)……

지기: 마지기(斗落地), 문지기(门卫), 산지기(看山的人)……

질: 바느질(针线活), 주먹질(挥拳), 싸움질(打架), 딸꾹질(打嗝儿), 흙질(抹泥)……

집: 몸집(身躯), 살집(住房)……

짜: 통짜(整块), 알짜(精华, 真正的)……

짜기: 골짜기(山谷)……

짜리: 5원짜리(5元的), 양복짜리(西服价), 두 살짜리(两岁的)……

짝: 낯짝(嘴脸)……

째: 첫째(第一), 셋째(第三)……

쯤: 내일쯤(大约明天)……

차: 제일차(第一次), 연구차(为研究), 치마차(裙子料)……

창: 시궁창(污水坑)……

채: 사랑채(舍廊)……

치: 보름치(15天的分量), 하루치(日分量), 눈치(眼色), 산치(山脚), 수치(腌雄黄鲷鱼), 넙치(偏口鱼), 버림치(废物), 막치(粗制品)……

第四章 词汇及词义论 (어휘및 어휘 의미론) 183

치레: 실지레(讲排场)……

태기/타구/탱이/장이: 영감태기, 영감타구, 영감탱이, 영 감장이(老头儿)……

터기: 그루터기(茬子，桩子)……

텅(이) : 구렁텅(이)(深坑，深渊)……

통이(장이) : 미련통이(蠢家伙)，미련장이(蠢家伙)……

투리: 자투리(布头)，마투리(一斗的余数)……

투성이: 피투성이(满身血)，먼지투성이(满身灰)，기름투 성이(满身油)……

패기/팍: 가슴패기(胸膛)，가슴팍(胸膛)……

포: 손포(人手)，달포(个把月)……

희: 너희(你们)，저희(我们)……

② 构成谓词的

갑: 달갑다(甜)，차갑다(凉)……

갖: 맞갖다(合适)……

거리: 망설거리다(踌躇)，꿈실거리다(蠕动)，속삭거리다 (喁喁私语)……

구: 솟구다(喷出)，돋구다(提高)……

궂: 얄망궂다(令人讨厌)……

그리: 간종그리다(整齐地收拾)，건중그리다(整齐地收拾) ……

금/큼/콤: 시금하다(微酸)，달콤하다(甜)，들큼하다(稍甜) ……

기:　　　안기다(抱)，뜯기다(撕)，벗기다(脱)……

께/끄레(우)그름/끄무레:　누르께하다(微黄)，누르끄레하다
　　　　　　　　　　　　　(淡黄)，거무끄름하다(乌黑)，노르
　　　　　　　　　　　　　그무레하다(浅黄)……

끔:　　　희끔하다(微白)……

다(따)랗:　기다랗다(长)，커다랗다(大)，굵다랗다(粗)……

답:　　　학자답다(不愧为学者)，어른답다(真像大人)……

대:　　　빈정대다(讥讽)，지근대다(纠缠)，출렁대다(汹涌)
　　　　　……

(우)대대/(우，으)데데:　가무대대하다(黑不溜秋)，누르데데
　　　　　　　　　　　하다(难看的黄)……

(우)댕댕/(우，으)뎅뎅/딩딩:　파르댕댕하다(难看的蓝，绿)
　　　　　　　　　　　　　거무뎅뎅하다(难看的黑)，
　　　　　　　　　　　　　푸르딩딩하다(难看的蓝，绿)
　　　　　　　　　　　　　……

(으)데:　불그데데하다(浅红)……

드리:　　엎드리다(趴)……

디:　　　엎디다(엎드리다的缩略形)……

뚱:　　　가우뚱하다(倾斜)，기우뚱거리다(晃动)……

뜨리:　　깨뜨리다(砸碎)，빠뜨리다(掉进)，몰아뜨리다(驱赶)
　　　　　……

롭:　　　자유롭다(自由)，새롭다(新)，괴롭다(痛苦)……

리:　　　날리다(飞)，들리다(听)，널리다(宽广)……

第四章 词汇及词义论 (어휘및 어휘 의미론)   185

맞: 궁상맞다(寒酸), 쌀쌀맞다(沸腾)……
먹/막: 울먹이다(含糊), 골막하다(九分满)……
ㅂ: 냅다(呛人)……
(ㅂ):   놀랍다(吃惊), 그립다(思念)……
브: 미쁘다(可靠), 아프다(患病), 고프다(饿)……
살: 곱살하다(好看, 脾气好), 곱살스럽다(好看, 脾气好)
            ……
수그레: 늙수그레하다(相当老)……
숙: 깊숙하다(幽深)……
(우)숙숙/(우)속속: 푸르숙숙하다(绿, 蓝), 가무속속하다
            (微黑)……
(이)숭/이송: 어리숭하다(不清楚), 아리송하다(模糊)
스럽: 사랑스럽다(令人喜爱), 시원스럽다(凉快)……
(우, 으)스름/(우)스레: 누르스름하다(微黄), 가무스레하다(微黑)
            ……
싹: 말싹하다(九分满)……
쑥: 말쑥하다(干净, 清秀)……
앟/엏: 둥그렇다(圆), 뽀얗다(灰蒙蒙), 가맣다(黑)……
애: 없애다(没)……
업: 어지럽다(晕), 무겁다(重), 간지럽다(痒), 미덥다
            (可靠)……
없: 시름없다(无精打采), 상없다(无礼貌)……
엉: 물렁하다(软, 软弱)……

엽: 귀엽다(可爱)……
우: 깨우다(醒), 바루다(正), 비우다(空)……
(어/아)우리: 발가우리하다(红润润), 벌거우리하다(红润润)……
으키/이키: 일으키다(引起), 돌이키다(转)……
이: 죽이다(死), 보이다(看), 끄덕이다(点头)……
이우: 태우다(烧，骑), 키우다(养大), 세우다(立)……
적/직(찍): 넓적하다(宽松), 굵직하다(粗大)……
(우)접접/(우)잡잡: 거무접접하다(黑不溜秋), 가무잡잡하다(黑不溜秋)……
(우)정/장: 구부정하다(稍弯曲), 예쁘장하다(美丽，标致)……
조리: 읊조리다(吟咏)……
(우)족족/(우)죽죽: 가무족족하다(黑不溜秋), 푸르죽죽하다(青得难看)……
지: 외지다(偏僻，孤零零), 밑지다(亏本), 값지다(价钱，值钱) 기름지다(肥沃), 살지다(胖，肥)……
지르: 엎지르다(翻), 쏟지르다(洒，倒水)……
짱: 말짱하다(清洁，清醒), 멀쩡하다(完好无缺，显而易见)……
쩍: 미안쩍다(不好意思)……
쭉: 실쭉하다(不高兴)……
차: 기운차다(精神饱满), 걸차다(稠，丰盛)……

第四章 词汇及词义论（어휘및 어휘 의미론）　187

착(짝)지근/적(쩍)지근: 달착지근하다(微甜)，들적지근
　　　　　　　　　　하다(微甜)……
청:　　휘청하다(颤动)，휘청거리다(摇晃)……
(우)촉촉/(우)축축: 가무촉촉하다(黑不溜秋)，거무축축
　　　　　　　　　하다(又黑又潮)……
추:　　낮추다(低)……
치:　　놓치다(放)，덮치다(盖)，넘치다(溢)……
(우)칙칙: 거무칙칙하다(黑不溜秋)……
타분/터분: 고리타분하다(臭，暮气沉沉)，구리터분
　　　　　　하다(臭，无耻)……
탑탑/텁텁: 고리탑탑하다(臭，暮气沉沉)，구리텁텁
　　　　　　하다(臭，无耻)……
(우)퇴퇴/(우)튀튀: 가무퇴퇴하다(黑不溜秋)，거무튀튀하다
　　　　　　　　　（又黑又脏)……
퉁퉁:　누르퉁퉁하다(蜡黄，浮肿)……
팍/퍽:　얄팍하다(浅薄)，질퍽하다(泥泞)，질퍽지다(泥泞，软)
　　　　……
하다:　생각하다(想)，다행하다(万幸)，못하다(不能)，가득
　　　　하다(满)，비롯하다(以……为首)，씩씩하다(生气勃
　　　　勃)……
히:　　잡히다(抓)，굽히다(弯)，닫히다(关)……

③ 构成冠词的

까짓: 그까짓(那一类)，이까짓(这一类)，저까짓(那一类)……

은:　　오른(右),　바른(正),　갖은(一切),　다른(別的)……

④ 构成副词的

끔:　　말끔(明快),　희끔희끔(斑白)……
내:　　여름내(整个夏天),　끝내(终于),　봄내(整个春天)……
다지:　이다지(这样),　그다지(并不怎么那样)……
뚱뚱:　기우뚱기우뚱(晃动貌)……
막 막/먹 먹:　골막골막(装东西装九分满)……
싹싹:　골싹골싹(装东西装九分满)……
ㅅㅅ:　푸릇푸릇(青青地)……
애:　　몰래(悄悄地)……
어:　　미처(未及)……
엄엄:　뜨덤뜨덤(结结巴巴),　띠엄띠엄(稀疏, 间隔)……
오록 오록/우록 우록:　도도록도도록(鼓起貌)……
우/오:　너무(很),　비로소(才),　마주(相对),　바로(一直)……
웃웃:　거뭇거뭇(斑黑貌)……
웃웃:　불긋불긋(红红地),　오긋오긋(皱皱瘪瘪地)……
이:　　같이(一起),　많이(多多地),　일찍이(早)……
작 작/적 적:　긁적긁적(喀哧喀哧),　할짝할짝(舔貌)……
장:　　곧장(一直)……
족 족/죽 죽:　얽족얽족(麻脸貌),　얽죽얽죽(麻脸貌)……
직직:　굵직굵직(粗粗地)……
짝:　　바짝(沙沙地, 焦干貌, 紧张貌)……
청청:　휘청휘청(摇晃)……

추: 곧추(笔直地), 늦추(晚地), 낮추(低低地), 얕주(浅浅地)……

코: 결단코(绝对), 기필코(一定), 정녕코(一定), 맹세코(发誓)……

퍽: 질퍽질퍽(泥泞貌)……

혀/여: 전혀(全然), 행여(兴许)……

히: 안녕히(平安地), 영원히(永远)……

3. 特殊派生法（특수파생법）

除了上述两种派生法外，还有依照元音交替或辅音交替所构成的特殊派生词。韩国语中很发达的拟声拟态语就属于这一类。

（1）元音交替(모음교체):까닥까닥/꺼덕꺼덕/끄덕끄덕（点头）
생글생글/싱글싱글（形容笑的样子）……

（2）辅音交替(자음교체) : 시꺼멓다/시커멓다（漆黑）질벅질벅/질퍽질퍽（泥泞）……

（三）词根创造法（어근창조법）

词根创造法是指用原来不存在的新词根组成词语的方法。包括新词创造、换称、借用外来语和民间语源等。

1. 新词创造（신어창조）

新词创造是指用新词根创造词语的方法。在文学创作中，作家们会经常创造出一些新的拟声、拟态词来，这也是韩国语中拟声、拟态词发达的原因之一。

2. 换称（환칭）

换称就是把专有名词变成普通名词、动词、形容词等的方法。如：

나일론(nylon)—섬유이름(纤维名称)

"나일론"原来是一种商品的专有名词，但现在却变成代表一种纤维的普通名词。

3. 借用外来语（외래어차용）

外来语的借用一般分为形式借用法（借音）、意义借用法、形式意义借用法三种。

（1）形式借用法是指直接借用外国词语发音的方法。如：

볼(ball 球)，가스(gas 煤气)

（2）意义借用法是指把外国词语的意义借过来使用的方法。如：

야구(baseball 棒球)，투수(pitcher 棒球的投手)

4. 民间语源（민간 어원）

民间语源是指语言的使用者并不知道词语的语源，或者即便知道，为了词语使用上的便利，也把词语的形态改变后进行使用。当碰到一些意义模糊的词时，人们就把它看作是没有语源的词，并赋予一个认为是与原词义相近的词义给某个词，最后为了便于使用，往往连词形也会有所变化。如："소나기（阵雨），행주치마（围裙），잇몸（牙龈）"等就属于这一类词。

第四章 词汇及词义论（어휘및 어휘 의미론）　191

（四）汉字词的结构（한자어의 구성）

以上的合成法、派生法、词根创造法等介绍的都是有关固有词的构词方法，下面再来看一下汉字词的构成。

要分析汉字词的结构，其中一个最简便的方法就是按照汉字词的字数来进行分析。在这里我们主要介绍一下五个字以下的汉字词的构成，五字以上的汉字词虽然也有一部分，但并不多见，所以不再赘述。

1. 单音节汉字词

因为汉字是表意文字，在很多情况下每个字都具有一定的意义。因此，只有一个字构成的汉字词也较多。如：

山(산)，江(강)，册(책)，門(문)，香(향)，燭(초)，妻(처)，妾(첩)，鐘(종)，城(성)，樓(루)，棺(관)，劃(획)，線(선)，龍(용)，賞(상)，罰(벌)，罪(죄)，金(금)，銀(은)，銅(동)，鐵(철)，百(백)，千(천)，萬(만)，億(억)，憤(분)，情(정)，前(전)，後(후)，左(좌)，右(우)，甲(갑)，乙(을)，肺(폐)，肝(간)，腸(장)……

从严格的意义上来说，单音节汉字词都应属于名词类，但是一部分词干只有一个字，但后面加（-하-）的动词也包含在单音节汉字词里。① 如：

甚하-(심하다)，醜하-(추하다)，貴하-(귀하다)，惡하-(악하다)，善하-(선하다)，足하-(족하다)，困하-(곤하다)，險하-(험

---

① 在本书中，动词性汉字词里的-하-等词干末接尾词不包含在汉字词的字数中。即"功夫하다（学习）"就是两字汉字词，"害롭다（有害）"就是单音节汉字词。

하다), 害롭-(해롭다), 弊롭-(폐롭다), 能하-(능하다), 亡하-(망하다), 臨하-(임하다), 通하-(통하다), 滅하-(멸하다), 求하-(구하다), 退하-(퇴하다), 合하-(합하다), 答하-(답하다), 犯하-(범하다)……

2. 双音节汉字词

双音节汉字词可以说是韩国语汉字词的核心部分。为了便于叙述，在此做出如下分类：

（1）主谓结构（주술구성）

天動(천동), 地動(지동), 家貧(가빈), 日沒(일몰), 月出(월출), 夜深(야심), 市立(시립), 國立(국립), 人造(인조), 天定(천정)……

（2）修饰结构（수식구성）

動詞(동사), 過程(과정), 完璧(완벽), 長期(장기), 特徵(특징), 概念(개념), 國會(국회), 校則(교칙), 人品(인품), 漢字(한자)……

（3）并列结构（병렬구성）

家屋(가옥), 人民(인민), 土地(토지), 河川(하천), 方法(방법), 言語(언어), 上下(상하), 左右(좌우), 日月(일월), 山川(산천), 父母(부모), 祖孫(조손), 行爲(행위), 達成(달성), 操作(조작), 關係(관계), 對應(대응), 繼續(계속), 檢查(검사), 選擇(선택)……

第四章 词汇及词义论 (어휘및 어휘 의미론)

（4）限定结构（한정구성）

密接(밀접), 冷凍(냉동), 指示(지시), 特定(특정), 預測(예측), 脫出(탈출), 並列(병렬), 聯合(연합), 必然(필연), 使用(사용)……

（5）补充结构（보충구성）

社會(사회), 意味(의미), 性質(성질), 說明(설명), 移動(이동), 買入(매입), 賣出(매출)……

（6）接尾结构（접미구성）

硝子(초자), 樵子(초자), 椅子(의자), 人間(인간), 空間(공간)……

（7）动宾结构（목적구성）

避難(피난), 殺生(살생), 防火(방화), 觀光(관광), 開議(개의)……

（8）被动结构（피동구성）

見奪(견탈), 所定(소정), 被侵(피침)……

（9）否定结构（부정구성）

勿論(물론), 不利(불리), 非理(비리), 無罪(무죄), 莫逆(막역)……

（10）省略结构（생략구성）

懷中(회중)，傷寒(상한)，意外(의외)，亡命(망명)，特委(특위)，入試(입시)……

3. 三音节汉字词

三音节以上的汉字词都是以双音节汉字词为基础发展起来的即在双音节汉字词的前或后再加上一个汉字而形成。如：

傳染-病(전염-병)　　不凍-港(부동-항)
懷古-談(회고-담)　　不戰-勝(부전-승)
大-辭典(대-사전)　　無-作爲(무-작위)
諸-問題(제-문제)　　微-粒子(미-립자)

4. 四音节汉字词

四音节汉字词有如下两种分类方法。

（1）由两个双音节汉字词结合而成的四音节汉字词。如：

傳奇-文學(전기-문학)　　關係-改善(관계-개선)
傷人-害物(상인-해물)　　不正-處分(부정-처분)
亡命-政府(망명-정부)　　傷風-敗俗(상풍-패속)

（2）在一个双音节汉字词的前后各加上一个汉字而组成的四音节汉字词。如：

非-合理-的(비-합리-적)　　不-道德-性(부-도덕-성)
北-太平-洋(북-태평-양)　　南-回歸-線(남-회귀-선)

5. 五音节汉字词

五音节汉字词的结构分析起来，一般是先分成一个三音节词和一个双音节词，然后再把三音节词分成一个双音节词和一个单音节词。如：

愛情-缺乏-症(애정-결핍-증)
書籍-都賣-商(서적-도매-상)
不當-利得-金(부당-이득-금)
光-合成-裝置(광-합성-장치)
民主-正義-黨(민주-정의-당)

以上主要通过分析汉字词的字数简单介绍了汉字词的结构。另外从词汇的构成上来讲，韩国语固有词有大量的接头词和接尾词，那么人们一定会问：构词能力很强的汉字词是否也存在着大量的接头词和接尾词呢？其实这个问题目前在韩国学界也是个有争议的问题。有人认为汉字词和固有词一样，存在着大量的接头词和接尾词，有人认为汉字词不存在接头词、接尾词。但事实上汉字词有大量类似接头词接尾词作用的形态素。为了叙述的方便并与前面的固有词部分协调一致，在这里先暂时把它们看做是汉字词接头词和接尾词，并列出以供参考。

6. 汉字词的接头词

가： 가계약(临时契约), 가문서(假文件), 가건물(违章建筑)……

강： 강행군(急行军)……

경:　경공업(轻工业)……

고:　고시조(古时调), 고가구(古家具), 고기압(高气压), 고소득(高收入)……

과:　과소비(过度消费), 과보호(过分保护), 과적재(超载)……

구:　구시대(旧时代), 구세대(旧时代), 구시가지(旧街)……

금:　금일(今天), 금월(本月), 금주(本周), 금년(今年)……

난:　난공사(高难度工程)……

남:　남배우(男演员)……

내:　내출혈(内出血)……

냉:　냉국(冷汤), 냉커피(冷咖啡)……

노:　노신사(老绅士), 노처녀(老处女), 노부부(老夫妇)……

농:　농갈색(浓褐色), 농황산(浓硫酸), 농적색(浓赤色)……

다:　다수확(大丰收), 다용도(多用途), 다방면(多方面), 다목적(多目的)……

단:　단거리(短距离)……

담:　담황색(淡黄色), 담갈색(淡褐色), 담청색(淡蓝色)……

대:　대학자(大学者), 대기자(大记者), 대보름(正月十五), 대성공(大成功)……

맹:　맹공격(猛攻), 맹활약(积极的活动), 맹훈련(紧张的训

练)……

명: 명배우(著名演员), 명문장(有名的文章), 명가수(著名歌手)……

몰: 몰가치(没价值), 몰상식(没常识), 몰인정(冷酷，无情), 몰지각(没知觉)……

무: 무감각(无感觉), 무질서(无秩序，凌乱)……

미: 미소년(美少年), 미성년(未成年) 미완성(未完成)……

반: 반비례(反比例), 반독재(反独裁), 반체제(反体制)……

백: 백구두(白皮鞋), 백여우(白狐), 백장미(白玫瑰)……

범: 범국민적(全国民的), 범세계적(全世界的)……

복: 복모음(复元音), 복자음(复辅音)……

본: 본서방(전남편, 前夫), 본회의(正式会议), 본뜻(原意), 본고장(故乡)……

부: 부자유(不自由), 부사장(副社长), 부산물(副产品)……

불: 불규칙(不规则), 불가능(不可能), 불균형(不平衡)……

비: 비무장(非武装), 비공개(非公开), 비민주적(非民主的)……

생: 생고기(生肉), 생낯(生面孔), 생가죽(生皮), 생과부(活寡妇), 생부모(生父母)……

서: 서자녀(庶子女), 서동생(同父异母的兄弟)……

선: 선대왕(先王), 선이자(预付利息)……

성: 성군(圣君)……

소: 소사전(小词典), 소극장(小剧场), 소규모(小规模)……

속: 속편(续篇), 속대장경(续大藏经)……

수: 수백(数百), 수천(数千), 수만(数万)……

시: 시어머니(婆婆), 시누이(大, 小姑子), 시동생(小叔子)……

신: 신기록(新记录), 신여성(新女性), 신제품(新产品)……

실: 실수요(实际需要), 실머슴(诚实的长工)……

양: 양담배(洋烟), 양아버지(养父), 양부모(养父母), 양딸(养女)……

여: 여배우(女演员), 여학생(女学生), 여동생(妹妹)……

역: 역방향(逆向), 역효과(反效果)……

연: 연인원(累计人员), 연목재(软木材), 연보라(浅紫), 연비례(连比例)……

왕: 왕개미(大蚂蚁), 왕가뭄(大旱), 왕대인(王大人), 왕소금(大粒盐)……

외: 외삼촌(舅舅), 외출혈(外出血), 외조모(外祖母)……

요: 요주의(要注意), 요시찰인(重要监视对象)……

원: 원위치(原位置), 원주소(原住所), 원자재(原材料)……

유: 유의미(有意义), 유자격자(有资格者)……

잡: 잡교(杂交), 잡곡(杂谷)……

장: 장거리(长距离), 장기간(长时间)……

재: 재확인(再确认), 재작년(前年), 재시험(补考)……

저: 저학년(低年级), 저기압(低气压), 저혈압(低血压)……

정: 정비례(正比例)……

제: 제일(第一), 제이(第二), 제삼(第三)……

조: 조교수(副教授), 조감독(副导演)……

준: 준회원(准会员), 준결승(半决赛)……

중: 중모음(重元音), 중공업(重工业), 중환자(重患者)……

진: 진면목(真面目), 진범인(真犯人), 진분수(真分数)……

초: 초자연(超自然), 초범(初犯), 초당파(超党派), 초강대국(超级大国)……

총: 총인구(总人口), 총감독(总导演), 총결산(总决算)……

최: 최우수(最优秀), 최첨단(最尖端), 최고위(最高位)……

친: 친형제(亲兄弟), 친정부(亲政府), 친부모(亲父母)……

탈: 탈공해(脱公害)……

토: 토담(土墙), 토방(土房), 토성(土城)……

피: 피지배(被支配), 피보험(被保险), 피선거권(被选举权)……

항: 항암제(抗癌药), 항결핵제(抗结核药)……

호: 호남자(好男人), 호감정(好感情)……

7. 汉字词的接尾词

가: 김가(姓金的), 소설가(小说家), 외교가(外交家), 자본가(资本家), 망명가(亡命徒), 명문가(名门), 애국가(爱国 歌), 최고가(最高价)……

각: 판문각(板门阁)……

간: 외양간(牲口棚), 마구간(牲口棚)……

고: 생산고(产量), 수출고(出口量), 판매고(销售量)……

곡: 교향곡(交响曲), 합창곡(合唱曲), 협주곡(协奏曲)……
공: 견습공(见习工), 충무공(忠武公), 인쇄공(印刷工人)……
과: 인사과(人事课), 총무과(总务科), 자재과(材料科)……
관: 소방관(消防官), 세계관(世界观), 박물관(博物馆)……
광: 독서광(读书狂), 수집광(收集狂), 금광(金矿)……
구: 통풍구(通风口), 출입구(出入口), 매표구(卖票口), 문방구(文具)……
국: 사무국(事务局), 중립국(中立国), 편집국(编辑部)……
권: 상품권(商品券), 천원권(一千韩元面值的纸币), 고기압권(高气压圈), 평등권(平等权)……
금: 장학금(奖学金), 계약금(预付款), 격려금(奖励金)……
기: 여행기(旅行记, 游记), 유아기(幼儿期), 녹음기(录音机), 소화기(灭火器), 비행기(飞机)……
단: 선수단(选手团), 방문단(访问团), 소년단(少年团)……
담: 경험담(经验谈), 성공담(成功经验), 여행담(旅行经历)……
당: 시간당(每小时)……
대: 녹지대(绿地带), 억대(按亿算)……
도: 2000년도(2000年度), 제주도(济州岛), 문학도(文学人), 산수도(山水图)……
동: 종유동(钟乳洞), 석회동(石灰洞)……
로: 교차로(交叉路), 종로(钟路), 원자로(原子炉)……
료: 입장료(入场费), 조미료(调味料), 관람료(票钱)……

第四章 词汇及词义论 (어휘 및 어휘 의미론)

루: 경회루(京汇楼)……

류: 낭만파류(浪漫派), 야채류(蔬菜类)……

률: 황금률(黄金法则), 입학률(入学率)……

리: 경쟁리(竞争中), 암암리(暗地里)……

림: 방풍림(防风林), 보호림(保护林), 휴양림(休养林)……

모: 등산모(登山帽), 방한모(防寒帽), 안전모(安全帽)……

문: 설명문(说明文), 감상문(感想文), 논설문(论说文)……

물: 해산물(海产品), 화합물(化合物), 농산물(农产物)……

민: 수재민(水灾民), 유목민(游牧民)……

발: 대전발 열차(从大田始发的列车)……

백: 관리소장백(管理所长的发言)……

범: 살인범(杀人犯), 정치범(政治犯)……

법: 계산법(计算法), 교수법(教学法)……

별: 성별(性别), 연령별(年龄别)……

보: 학장보(副院长), 차관보(副部长)……

복: 학생복(学生服), 신사복(绅士服), 체육복(运动服)……

부: 2000년 8월 1일부(2000年8月1日起), 조건부(附带条件), 중심부(中心部分)……

분: 3분의 1(三分之一), 5인분(5人份), 당분(糖分)……

분지: 오분지일(五分之一)……

비: 교통비(交通费), 학비(学费), 생계비(生活费)……

사: 회계사(会计师), 문학사(文学史), 불국사(佛国寺), 인간사(人间事), 미용사(美容师), 명사(名词), 취임사

(就职演说)……

상: 사실상(事实上), 역사상(历史上), 방사상(放射狀), 잡화상(杂货商)……

생: 10월생(十月生), 1년생(一年生), 김생(小金), 연구생(研究生)……

석: 특별석(特别座位), 내빈석(来宾席), 연회석(宴会席)……

선: 유람선(游览船), 내분비선(内分泌腺), 명시선(明诗选)……

설: 진화설(进化说), 지동설(地动说)……

성: 십성(十成), 적극성(积极性), 진실성(真实性)……

소: 연구소(研究所), 강습소(讲习所)……

수: 소방수(消防员), 수비수(守卫的选手), 사형수(死刑囚)……

순: 육순(六旬), 칠순(七旬), 팔순(八旬)……

술: 최면술(催眠术), 사격술(枪法), 공격술(搏斗)……

시: 백안시(白眼), 적대시(敌对的目光)……

실: 기획실(企划室), 탈의실(更衣室)……

아: 행운아(幸运儿), 풍운아(风云人物), 패륜아(悖伦的人)……

암: 관음암(观音庵), 석회암(石灰岩)……

애: 동포애(同胞爱), 모성애(母爱), 인류애(人类之爱)……

액: 수출액(出口额), 수입액(进口额), 예산액(预算额)……

양: 안내양(女导游), 교환양(交换量)……

어: 한국어(韩国语), 중국어(汉语), 고유어(固有词)……

업: 수산업(水产业), 운수업(运输业)……

여: 십여 명(十余名), 백여 개(百余个)……

옥: 서울옥(首尔店), 강남옥(江南店)……

왕: 발명왕(发明大王), 저축왕(储蓄大王)……

용: 개인용(个人用), 업무용(业务用), 사무용(事务用)……

원: 공무원(公务员), 양로원(养老院), 유아원(幼儿园)……

율: 교환율(交换法则), 이혼율(离婚率)……

자: 공자(孔子), 유전자(遗传因子), 진동자(振子)……

작: 대표작(代表作), 풍년작(丰年作物)……

장: 노인장(老丈), 초청장(邀请函), 임명장(任命狀), 연습장(练习本), 출납장(出纳账本), 경기장(竞技场)……

재: 건축재(建筑材料), 가구재(家具材料)……

적: 국제적(国际的), 세계적(世界的), 과학적(科学的)……

전: 미술전(美术展), 대웅전(大雄殿), 세균전(细菌战), 전반전(上半场)……

점: 양복점(西服店), 백화점(百货商店)……

정: 팔각정(八角亭), 잠수정(潜水艇)……

제: 내각제(内阁制), 기우제(祈雨祭), 금속제(金属制), 강심제(强心剂)……

조: 고려조(高丽朝), 조선조(朝鲜朝)……

족: 몽고족(蒙古族), 폭주족(飙车族)……

종: 개량종(改良种), 희귀종(稀有品种)……

좌: 사자좌(狮子座)……

주: 세대주(户主), 건물주(楼主), 과일주(果酒)……

증: 빈혈증(贫血症), 신분증(身份证)……

지: 거주지(居住地), 양복지(西服料), 포장지(包装纸), 주간지(周刊), 여성지(女性杂志)……

진: 의료진(医疗队), 간부진(干部队伍), 임원진(职员队伍)……

집: 논문집(论文集), 시집(诗集), 수필집(随笔集)……

창: 병기창(兵工厂)……

책: 선전책(负责宣传的人), 해결책(解决办法)……

처: 판매처(销售处), 교무처(教务处)……

천: 청계천(清溪川)……

철: 신문철(报夹)……

첩: 사진첩(影集), 서화첩(书画集)……

청: 검찰청(监察厅), 관세청(关税厅)……

체: 직육면체(直六面体), 기업체(企业), 건강체(健康的身体), 구어체(口语体)……

층: 상류층(上流层), 화강암층(花岗岩层), 이온층(离子层)……

치: 평균치(平均值), 기대치(期待值)……

통: 외교통(熟悉外交的人), 광화문통(熟悉光化门的人)……

파:　전자파(电子波), 충격파(冲击波)……
품:　가공품(加工品), 화장품(化妆品)……
풍:　민요풍(民谣风), 복고풍(复古风)……
학:　국어학(国语学), 물리학(物理学), 역사학(历史学)……
항:　자유항(自由港), 무역항(贸易港)……
해:　지중해(地中海), 다도해(多岛海)……
행:　부산행(开往釜山)……
허:　오십 분허(大概需用五十分钟)……
형:　계란형(鸡蛋形), 삼각형(三角形)……
호:　무궁화호(木槿花号)……
화:　기계화(机械化), 동양화(东洋画)……

四、词　义 (어휘의 의미)

　　客观事物反映在脑海中，产生感觉、知觉，人脑把感觉、知觉加以概括和抽象，形成概念。人们用语言形式把概念固定下来，使之成为人们交流思想的符号，也就是有一定意义的词。词包含两方面的内容，即形式和内容。形式首先是指词的语音形式，也就是平常所说的发音，其次是指词的书面形式，也就是平常所说的拼写。与此相对的是词的内容，也就是词的意义。每个词都有一定的形式和意义，这两方面缺一不可，统一在每个词中。词义又与所指的对象联系在一起。一方面，词义在客观世界中是有所指的；另一方面，词义又是客观世界的某一（或某些）事物在语言中的反映。

研究词义就要研究词的意义关系和词义变化。

（一）词汇的意义关系（어휘의 의미관계）

词汇的意义关系可分为系列关系（계열관계）和结合关系（결합관계）。系列关系包括上下关系（상하관계）、近义关系（유의관계）和对立关系（대립관계）等，结合关系包括合成关系（합성관계）、惯用关系（관용관계）和连语关系（연어관계）。

1. 系列关系（계열관계）

词义的系列关系是从纵向角度来分析词汇意义的。例如：아이가 강아지/고양이와 놀고 있다.（孩子和小狗/小猫一起玩。）这句中的小狗和小猫两个词可相互替换，在同一句子中的同一位置上出现，这两个词的关系就是典型的系列关系。系列关系还可分为上下关系、近义关系、对立关系等。

（1）上下关系（상하관계）

上下关系是指在词汇意义的分层结构中，一个词语在意义外延上包含另一个词语，或是被另一个词语所包含，那么这两个词的关系就被称为上下关系。此时，意义领域相对宽泛的一方称为上位词（상위어），相对特殊的一方称为下位词（하위어）。在同一层次上的所有下位词还可称为共下位词（공하위어）。

ㄱ. 동물（动物）

ㄴ. 새（鸟），물고기（鱼）

ㄷ. 참새（麻雀），까치（喜鹊），비둘기（鸽子）
　　상어（鲨鱼），붕어（鲫鱼），참치（金枪鱼）

上面例子中，动物包括鸟类和鱼类，所以"动物"就是这组关系里的上位词，"鸟"和"鱼"就是相对应的下位词。再看下面，"鸟"和"鱼"又分别是"鸽子"及"喜鹊"，"鲨鱼"及"鲫鱼"的上位词，由此我们可以看出上下关系成立的条件是相对的而不是绝对的。"鸟"和"鱼"首先是"动物"这个词的共下位词，同时又都各自拥有着如："喜鹊""鲫鱼"等众多的下位词。

（2）近义关系（유의관계）

近义关系是指由两个或两个以上的意义相同或相近的词语结成的意义关系。处在近义关系中的词有同义词（동의어）和近义词（유의어）。

① 同义词

★ 固有词之间的同义词

　　如：끝 — 마지막（最后）　껍질 — 껍데기（皮）

★ 固有词和汉字词之间的同义词

　　如：버릇 — 습관（习惯）　달걀 — 계란（鸡蛋）

★ 固有词和外来语之间的同义词

　　如：아내 — 와이프（妻子）　김 — 스팀（气）

★ 汉字词之间的同义词

　　如：기차 — 열차（火车）　애인 — 연인（恋人）

★ 汉字词和外来语之间的同义词

　　如：건물 — 빌딩（建筑物）　공책 — 노트（笔记）

★ 固有词、汉字词和外来语之间的同义词

　　如：잔치 — 연회 — 파티（酒席）

꼭대기 — 정상 — 톱 (顶)

② 近义词（유의어）

在韩国语中，一般同义词和近义词可以看成同一个概念，但有人把同义性较弱，有某些同义性或类似性的词群称为近义词，这种近义词有色彩词、亲属词、气候词、味觉词等。

- ★ 色彩词（색채어）：노랗다，누렇다，누르스름하다，샛노랗다，노르께하다……
- ★ 亲属词（친척어）：아버님，아버지，아빠，가친，선친，부친……
- ★ 气候词（기후어）：춥다，차다，싸늘하다，써늘하다，썬들하다，썰렁하다，차갑다，시원하다……
- ★ 味觉词（미각어）：달다，달달하다，달디달다，달큰하다，달짝지근하다，달콤하다……

(3) 对立关系（대립관계）

对立关系是指像"男人"和"女人"，"买"和"卖"，"大"和"小"等具有很多相同的属性而只有一种属性不同的词的意义关系。处在对立关系中的词叫做反义词。

反义词（반의어）

★ 互补关系反义词（상보 대립어）

互补关系反义词就是构成逻辑上的矛盾关系，但又是相辅相成的词。如：

남성（男）— 여성（女） 출석（出席）— 결석（缺席）

★ 两极关系反义词（반의 대립어）

两极关系反义词是构成逻辑矛盾关系的反义词。可分为三种：

a. 尺度反义词（척도 반의어）

　　如：길다（长）— 짧다（短）

　　　　깊다（深）— 얕다（浅）

b. 评价反义词（평가 반의어）

　　如：좋다（好）— 나쁘다（坏）

　　　　쉽다（易）— 어렵다（难）

c. 情感反义词（정감 반의어）

　　如：덥다（热）— 춥다（冷）

　　　　기쁘다（高兴）— 슬프다（悲伤）

★ 程度相辅反义词（정도 상보 대립어）

程度相辅反义词是既形成了程度上的对立关系又是相辅相成的。如：

깨끗하다（干净）— 더럽다（脏）

안전하다（安全）— 위험하다（危险）

★ 方向反义词（방향 대립어）

a. 对峙词（대척어）

　　如：처음（开始）— 끝（最后）

　　　　남극（南极）— 북극（北极）

b. 对应词（대응어）

　　如：두둑（田埂）— 고랑（垄沟）

　　　　외향적（外向）— 내성적（内向）

c. 逆动词（역동어）

　　如：나타나다（出现）— 사라지다（消失）

　　　　오르다（上）— 내리다（下）

d. 逆义词（역의어）

　　如：스승（老师）— 제자（弟子）

　　　　주다（给）— 받다（接受）

（4）多义词（다의어）

多义词（一词多义）是指同一个词有两个以上不同的含义，而这些含义在词源上又有一定联系的词。多义词中一般一个为本意，其他的为引申意义。如：

① 손（手）

★ 사람의 팔목에 달린 손가락과 손바닥이 있는 부분（指连接手腕处的手掌和手指）

　　如：밥을 먹기 전에 손을 씻다.（饭前洗手）

★ 손가락（手指）

　　如：손꼽아 기다리다.（焦急等待）

★ 손바닥（手掌）

★ 일할 수 있는 사람 또는 품（指干活的人）

　　如：손이 모자라다.（人手不够。）

★ 기술（技术）

　　如：그 사람 손이 가야 한다.（需要那个人的帮忙。）

★ 교제, 관계（交际，关系）

　　如：오랜 친구와 손을 아주 끊을 수 없다.

　　　　（不能和老朋友断绝往来。）

★ 수완, 잔꾀 (本领，计谋)

★ 손버릇 (习惯，打人或偷的习惯)

★ 주선 (周旋，应酬)

★ 표준 (标准)

★ 기회 (机会)

★ 소유나 권력의 범위 (所掌管或所拥有权力的范围)

★ 힘, 역량 (力量)

② 먹다 (吃)

★ 음식 등을 입을 거쳐 배 속으로 들여 보내다.
   (指把食物吃到肚子里)
   如: 밥을 먹다. (吃饭)

★ 담배 또는 아편 등을 피우다. (指抽烟或鸦片)

★ 남의 재물을 부당하게 제 것으로 만들다.
   (指吞掉原本不属于自己的财物)
   如: 경리직원이 공금을 먹었다. (会计贪污了公款。)

★ 수익이나 이윤을 차지하여 가지다. (指收益)
   如: 나머지 이익은 네가 다 먹어라. (剩下的收益全归你。)

★ 꾸지람, 욕, 핀잔 따위를 듣다. (指被责备或被骂)
   如: 호되게 욕을 먹었다. (被大骂一顿。)

★ 어떤 마음이나 감정을 품다. (下决心)
   如: 마음을 굳게 먹고 술을 끊다. (下定决心戒酒。)

★ 공포나 위협으로 두려움을 느끼다.
   (因为恐怖或威胁而感到害怕)
   如: 겁을 먹다. (害怕)

★ 세월의 흐름에 따라 나이를 더하다. (指年龄的增长)
　如: 나이를 먹다. (上岁数)

★ 더위 등의 병에 걸리다. (中暑等病症)
　如: 더위를 먹다. (怕热)

★ 어떤 등급을 차지하거나 점수를 따다. (指排名次)
　如: 1등을 먹었다. (得了一等奖。)

★ 운동 경기 따위에서 상대편에게 점수를 주다.
　(在运动中输给对方分数)
　如: 한 골 먹다. (输了一球)

★ 뇌물을 받아 가지다. (受贿)
　如: 뇌물을 먹고 잡혀갔다. (因贪污被抓了。)

★ 물이나 습기 따위를 빨아들이다. (吸水或受潮了)
　如: 종이가 물을 먹다. (纸返潮了。)

★ 봉록 따위를 받다. (俸禄)
　如: 녹을 먹다. (吃俸禄)

★ 여자의 정조를 유린하다. (糟蹋女人的贞操)

★ 매나 주먹 따위를 얻어맞다. (挨打)
　如: 주먹을 한방 먹다. (被打了一顿。)

★ 대패, 톱 따위가 잘 들거나 맷돌 따위가 물건을 잘 갈다.
　(指刨子、锯等工具很锋利)
　如: 대패가 잘 먹는다. (刨子很快。)

★ 물, 풀같은 액체가 섬유질의 물체 속으로 배어들어 꽉 차다.
　(指水、糨糊等浸透并充满于纤维质的物体中)
　如: 풀이 잘 먹다. (糨糊很黏, 很好用。)

★ 돈이나 물건 따위가 들거나 쓰이다.（指用钱或物）

  如：양복 한 벌에 10만원 먹다.（一套西服十万韩元。）

★ 바르는 물질이 배어들거나 고루 퍼지다.

  （指涂抹上的东西很均匀，很容易上色）

  如：분이 잘 먹다.（脸上的粉擦得很均匀。）

（5）同音异义词（동음이의어）

同音异义词是指发音相同但意义不同的词，又称同音词。同音异义词实际上是完全不同的单词，只是偶然的发音相同而已。

① 发音和拼写法完全一样的同音异义词。如："뜨다"

★ 나무는 물에 뜬다.（木头浮在水上。）

★ 그릇에 밥을 뜬다.（往碗里盛饭）

★ 그물을 뜬다.（织网）

★ 눈을 뜬다.（睁眼）

★ 무게를 뜬다.（称分量）

★ 사람의 내왕이 뜨다.（不常往来）

② 拼写法一样，发音稍微不同的同音异义词。如："말"

★ 말을 타다.（骑马）—— 高音

★ 말：이 유창하다.（语言流畅）—— 长音

★ 말로 쌀을 되다.（用斗量米）—— 正常音

③ 拼写法不同，发音一样的同音异义词。如：

★ 동작이 느리다.（动作慢）

★ 판로를 늘이다.（扩大销路）

④ 词的基本形态不同，发音相同的同音异义词。如：

★ 낫다（好）
　낮다（低）
　均发 [낟따]
★ 맑다（清）
　막다（挡）
　均发音 [막따]

2. 结合关系（결합관계）

意义的结合关系是从横向角度来研究词汇的意义。例如："동생이 왼발로 공을 찼다"（弟弟用左脚踢球）中的"공-차다（踢球）""발-차다（用脚）""왼-발（左脚）"这几个词之间就存在着相互依存的结合关系。结合关系又可分为合成关系、惯用关系及连语关系等。

（1）合成关系（합성관계）

合成词的构成要素①和②以平等的资格形成合成关系时，其顺序是固定的。即①与②结合时，基本上都按照大众的认知习惯固定为①②型，而不能随意交换位置。合成词的结合情况还有如下特点：

① 按时间先后结成的合成关系。时间的流逝是一个不间断的连续过程，所以在合成词中先经过的时间或先发生的事情都要放在前面。如：

★ 어제오늘（昨天今天），작금（昨天今天），금명간（今明两天）
★ 여닫다（开关），개폐（开闭），송수신（寄信收信）

② 按照数的大小结成的合成关系。按照习惯，我们总是先从

小数逐渐数到大数，所以小数要放到大数的前面。如：

하나둘(一二), 예닐곱(六七), 일이등(第一二等), 오륙도(五六度), 천만리(千万里)

③ 按距离远近结成的合成关系。在距离这个问题上，我们通常都是由近及远进行叙述的，在这里也不例外。如：

이곳저곳(这里那里), 여기저기(这里那里), 이리저리(这里那里), 그럭저럭(这样那样)

④ 与男女性别有关的合成词关系。男尊女卑是韩国几千年来占主导地位的传统思想，这也同样反映到词的合成关系中。如：

★₁ 부모(父母), 장인장모(老丈人丈母娘), 신랑신부(新郎新娘), 신사숙녀(绅士淑女)

★₂ 비복(婢仆), 암수(雌雄), 자웅(雌雄)

上面例★₁是按照社会普遍的重视男性的观点把男性放在了前面，而像例★₂涉及俗语、卑贱的身份、动物等情况时，就把卑贱的身份或雌性放在前面。

⑤ 与积极和消极有关的词的合成关系。人们的习惯是首先注意到一些好的、积极的事物，所以一般把积极性要素放在消极性要素的前面。如：

높낮이(高矮), 장단(长短), 주종(主从), 금은(金银), 책걸상(桌椅)

⑥ 与肯定和否定有关的词的合成关系。人们都有向往美好事物的心理，所以在合成关系中，一般把表示肯定意义的词语放在前面。如：

가부(可否)，진위(真伪)，승패(胜败)

但也有一些特殊情况，把表示否定意义的词放在前面叙述，但这样的例子并不常见。如：

화복(祸福)，빈부(贫富)，고락(苦乐)，손익(损益)，사활(死活)

（2）惯用关系（관용관계）

惯用关系是指由两个或两个以上的词结合成词组的形式，但这个词组的意义已经特殊化，并且其构成方式也已固定成了一种结合关系。处在惯用关系里的词组叫做惯用语。由于惯用语的意义已经特殊化了，所以在研究惯用语的意义时不能简单地把它看成是各个词的总和。例如"미역국을 먹다"这个词组从表面看，它的意思是"喝海带汤"，但它作为惯用语的意思是"失败""落榜"，所以"미역국을 먹다"这个惯用语的意思并不是"海带"这个名词和"喝"这个动词的单纯结合。另外从形式上来看，一般词组"미역국을 먹다"可以随意变形，在前后或中间加上修饰词后在句子或文章中使用。如：

★ 영수가 미역국을 맛있게 먹었다.
　　（英洙有滋有味地喝了海带汤。）

★ 영수가 뜨거운 미역국을 먹었다.
　（英洙喝了很烫的海带汤。）
★ 영수가 식당에서 미역국을 먹었다.
　（英洙在食堂喝了海带汤。）

但作为惯用语的"미역국을 먹다"却只能固定成这一种形式使用，而不能有任何变形。

关于惯用语的一些具体介绍及说明，在第五章中另有叙述。

（3）连语关系（연어관계）

当词语与词语组合起来形成一个更大的语言单位时，一般都要与周围其他因素达成一种和谐自然的关系，即搭配要恰如其分。如，在"새빨간 거짓말（弥天大谎）"和"빨간 거짓말（红色的谎话）"这两个词组中，"거짓말"和"새빨간"可以形成一种很自然的结合关系，但换作"빨간"就变成一句错误的话了。再比如"짙다(浓)"这个词，在它与"颜色""香水""味道"等名词结合使用时，虽然大体意思差不多，但也会体现出一些细微的差异。一般我们把这种处在相互依存关系中的词的结合关系叫做连语关系。

涉及连语关系的两个重要的问题是推测的可能性及词语意义上的制约。先看下面的例句。

① 그 소녀는 예쁜 눈을(를) 가졌다.
　（那个女孩有一双漂亮的<u>眼睛</u>。）

首先在上句中的划横线处可以出现的词语有"眼睛、娃娃、衣服"等，这时我们可以推测出与"예쁘다"这个词处在连语关系中

的词有"眼睛、娃娃、衣服"等,但是反过来,从"眼睛、娃娃、衣服"这几个词却并不一定就能推测出与它们处在连语关系中的词是"예쁘다"。

关于意义的制约,我们再来看"예쁘다"这个词,在例①的位置上可以用"곱다"或"아름답다"来替换"예쁘다",但是在"예쁜 모래,고운 모래","예쁜 이야기,아름다운 이야기"等词组里,把예쁘다换成곱다和아름답다,原来词组的意义不是发生变化,就是变成了一种很不自然的说法,所以不能替换。像"예쁜 이야기"一样,我们一般把词语在结合关系中出现的这种制约关系叫做共起制约(공기 제약)。共起制约还分连语制约和选择制约两种类型。

② (○) 두꺼운 옷/ (○)두터운 옷
　　(厚衣服)
　(×) 두꺼운 우정/ (○)두터운 우정
　　(深厚的友情)

上面例②就是连语制约的例子。连语制约是指因词语间的连语关系而产生的习惯性制约。其中处在类意关系中的"두껍다"和"두텁다"虽然意义非常相近,但在连语关系里仍存在差异,各自与不同的词语搭配使用。

③ (×) 우리 아버지는 여성이다.
　　(我爸爸是女的。)
④ (×) 영수가 떡을 마신다.
　　(英洙在喝年糕。)

在句子的各构成要素间出现的呼应关系叫做选择制约。例③中出现的矛盾和例④中出现的错误都是因为违背了选择制约的关系。

（二）词场（의미장）

任何语言的词汇大都具有意义上的某种联系，并形成一种集合群，这种在词汇中相互密切联系的词可以构成语义场，语义场也叫词场。其实，词场就是一种词类的词由于他们之间紧密的联系而形成的一个词汇小体系，这些词具有它们的共同语义成分，体现了各概念的核心。属于同一个词场的词除了有共同的语义成分外，还具有各种非共同语义成分作为区别性特征。韩国语中有多种词场，如时间场、空间场、关系场、颜色场、食物场、亲属场、年龄场等。

有关人的词场：이름（名字），관계（关系），신체（身体）행동（行动），사고（思维），직업（职业），결혼（结婚），성격（性格），식문화（饮食文化），집（房子）。

（三）词义的变化（의미변화）

世界上没有一成不变的东西。语言作为人类表达和交流思想的工具也在不断变化，词汇自然也要随着社会的发展而变化。在词汇的变化中，词义的变化是渐进的，也是非常活跃的。词义变化的方式是多种多样的，在这里主要侧重从词义结构上来看词义的变化。其类型分别有词义的扩大、缩小和转移。

1. 词义的扩大（의미의 확대）

凡是词义从特定的意义扩大为普遍的意义，或者从"种"的概念扩大为"类"的概念，其结果是词的新义大于旧义。这种变化就叫词义的扩大，也叫词义的一般化。如：

길（路）— 도로（公路），도리（道理），방법（方法）
사모님（师母）— 여자 존칭 일반（对一般女性的尊称）

2. 词义的缩小（의미의 축소）

凡是词义从普遍的意义缩小为特定的意义，其结果是新义从指"类"的概念缩小为指"种"的概念。这种变化就叫做词义的缩小，也叫做词义的特殊化。如：

미인（美人）— 미녀（美女）
중생（众生）— 사람（人）

3. 词义的转移（의미의 이전）

词义的扩大和缩小，其所指事物的类别都没有发生变化；而词义的转移是指它已经失去了本来的意义，有了新的意义。如：

감투（纱帽）— 벼슬（官职）
집안（家里）— 친척（亲戚）

另外，词义的转移还可以把"字面意义"转移到"比喻意义"。其类型主要有隐喻、换喻和提喻。

（1）隐喻（은유）

由于两个事物的特征存在某一类似之处，而用指一个事物的词来代指另一个事物，这种词义变化的方式叫隐喻。

① 拟人化隐喻：바늘귀（针鼻儿），안경다리（眼镜腿儿）
② 拟物隐喻：쥐꼬리（月薪少），여우（狡猾的人）
③ 具体到抽象的隐喻：꿈（希望，理想），기둥（栋梁）

④ 通感隐喻：아름다운 소리（美妙的声音），차가운 빛（冷光）

（2）换喻（환유）

借用一种事物来代替另一相关的事物，或用一种概念来代替另一相关的概念，这种词义变化方式叫换喻。

① 原因与结果的转换：일（事）— 작품（作品）
　　　　　　　　　　　떨다（颤动）— 겁내다（害怕）
② 形式与内容的转换：집（家）— 가족（家人）
　　　　　　　　　　　부（富）— 재산（财产）
③ 地方与物产特征的转换：안성（安城）— 유기（黄铜器）
④ 时间与事物的转换：아침（早晨）— 아침밥（早饭）
　　　　　　　　　　　닭이 울다（鸡叫）— 새벽（拂晓）
⑤ 抽象与具体的转换：사랑（爱）— 애인（恋人）
　　　　　　　　　　　꽃다발（花束）— 축복（祝福）

（3）提喻（제유）

用局部代替整体或者用整体代替局部，用特殊代替一般或者用一般代替特殊是借代的另外一种类型，韩国语也叫提喻。

① 意义的扩张：입（口）— 가족（家庭）
　　　　　　　해부（解剖）— 분석（分析）
　　　　　　　서울（都邑）— 수도（首都）
② 意义的限制：건물（建筑物）— 집（房子）
　　　　　　　산신령（山神）— 호랑이（老虎）

第五章　语言的应用（언어의 응용）

现实生活中的语言并不是死板和僵硬的，正确、适时地使用隐语、惯用语等，不仅可以使语言更加形象生动，而且能够增进彼此的感情。同时，由于韩国是一个十分注重礼仪的国家，敬语和委婉语的学习也是一个十分重要的问题。本章将主要讲述与语言应用有关的内容，包括：方言、隐语、俗语、委婉语与禁忌语、敬语、平语与卑语、惯用语（包括熟语、成语、谚语）、新语、流行语、网络聊天语言等。

一、方　言（방언）

方言是全民语言在不同地区的变体，是统一的民族语言的分支，是语言分化的结果之一。

（一）方言形成的原因及分类（방언 형성 원인과 분류）

1. 形成方言的原因，主要有以下三个方面：

第一，形成方言的首要原因是地理条件。如果某个地区受地理条件的限制，与其他语言交际的机会变少，而本地区在语言交流中逐渐发生语音、词汇等方面的演变，形成了这一地区的语言特点，就可形成一种方言。

第二，社会条件。因为两个较远的地区之间也可能有密切的政治、经济、文化交往，两个较近的地区也可能缺少各种社会往来。两个地区之间不管相距远近，只要长期没有社会交往或联系较少，就会形成各自的方言。

第三，语言的内部原因。地理因素和社会因素是产生方言的外部条件，语言自身的原因则是产生方言的内部根据。语言在使用的过程中受到各种社会因素的影响，必然会发生演变，不断增加或减少、改变语言成分。而各地区的社会生活内容和人们的不同交际需要必然造成语言的不同演化，从而形成不同的方言。

2. 分类

方言包括地域方言（지역방언）和社会方言（사회방언）。使用社会方言的群体也称作"言语社团"（speech community）。地域方言是由于地区的不同而形成的方言。社会方言是指在同一地区居住的居民因年龄、性别、职业、文化程度、阶级、原居住地等的社会因素的不同而形成的小社团语言差异。在韩国，它包括上层语、中层语、下层语、男性语、女性语、儿童语、青年语、壮年语、老人语、宫中语、军队语、政治家语、教育者语、律师语、医师语等。

地域方言与社会方言的区别主要表现在四个方面：

第一，地域方言是以地区上的分布定范围的，在同一个区域内，一般只有一种地域方言，这种地域方言在这一区域内是全民性的。社会方言不是按地区来划分的，在同一个区域内，可以有很多种不同的社会方言，这些不同的社会方言只为自己阶级、阶层、社团、行业服务，不具有全民性。

第二，地域方言的特点表现在语音、词汇、语法各方面，而社会方言的特点基本表现在一般词汇方面，即在词汇方面有些特殊的词语。

第三，地域方言在结构方面有自己的语音系统、基本词汇和语法构造，在一定条件下能够发展成为独立的语言。社会方言只在一般词汇方面有某些特点，没有自己的语法和基本词汇，在任何条件下都不能发展成为独立的语言。

第四，地域方言或许走向消失，而社会方言在有社会分工的情况下，是会长期存在的。

（二）首尔话（서울말）与标准语（표준말）

现在韩国是以首尔话作为标准语的基础方言。自 15 世纪以来，首尔作为首都一直是韩国政治、经济、文化的中心。而在迁都首尔以前的 475 年间，高丽王朝定都开城，距首尔仅 73 公里，均属同一方言区，因此理所当然以首尔话为基础方言。也就是说，实际上并不是将一切首尔话都作为标准语，如"외"在首尔话中是复合元音，而在标准语中是单元音，首尔话将"읽고""쓰고""돈"读作"읽구""쓰구""둔"也是一例。相反，有的原来虽然为标准语现在却已被其他词所取代。如，"머귀나무""오얏"分别被"오동나무（梧桐树）"，"자두（李子）"所取代。

(三) 朝鲜语 (조선말) 和文化语 (문화어)

朝鲜 1966 年将平壤话定为标准语的基础方言。标准语也称为文化语。南北不同的标准语使词汇在使用上出现一些新情况。

1. 有些韩国作为方言的词，朝鲜作为标准语。

韩国语	朝鲜语
채소(蔬菜)	남새
계집아이(女孩)	에미나이
상추(生菜)	부루
많이(多)	수태
무척(很)	무등
자랑스럽다(自豪)	자랑차다
양배추(甘蓝)	가두배추
가위바위보(猜拳)	가위주먹

2. 韩国常用汉字词，朝鲜则使用固有词。

韩国	朝鲜
한복(韩服)	조선옷
치약(牙膏)	이땈이가루
능력(能力)	일본새

3. 韩国常用外来语，朝鲜多使用固有词。

韩国	朝鲜
아이스크림(冰激凌)	얼음보송이
로터리(转盘)	도는 네거리

    노크(敲门)   손기척

（四）朝鲜半岛方言区的划分 (조선반도방언구의 분류)

朝鲜半岛方言区可以有多种划分方法，比较通行的是将朝鲜半岛按过去的行政区划分为六个区。

平安道方言：又叫西部方言，如将"우박（冰雹）"称做"무루"，将"어머니（妈妈）"称做"오마니"。

咸镜道方言：又叫东部方言，如将"별(星)"称做"베리"。

中部方言：包括京畿道方言、忠清道方言、黄海道方言、江原道方言，如将"벼（稻子）"称做"나락"（京畿道方言），将"옥수수（玉米）"称做"옥수깽이"（忠清道方言）。

全罗道方言：又叫西南方言，如将"겨울（冬天）"称做"시안"，将"잠자리（蜻蜓）"称做"자마리"。

庆尚道方言：又叫东南方言，如将"고양이（猫）"称做"고냉이"，将"아버지（爸爸）"称做"아베/아방이"。

济州岛方言：主要指济州岛使用的语言，如将"잠자리（蜻蜓）"称做"밥주리/밤머리"，将"마늘（蒜）"称做"대사니/곱대사니"。

在各个方言区中，中部方言又可以细分为京畿道方言、忠清道方言、黄海道方言、江原道方言，有南北道的道也可以细分。需要指出的是江原道以太白山为界可以分为岭东方言和岭西方言。

按行政区划分方言区也可以具体划分为首尔方言、京畿道方言、忠清道方言、江原道方言、全罗道方言、庆尚道方言、黄海道方言、平安道方言、咸镜道方言等。

二、隐　语（은어）

隐语又叫特殊语（특수어），是仅在某一社会集团内部使用，具有暗号性质的一类语言。它以加强集团的封闭性和保密性为目的，最先产生于犯罪集团，随着社会的发展，为了宗教、商业、防御等目的也较多被使用。甚至老师对学生，医生对患者暂时需要保密时也使用隐语。

（一）按构成方法分类（구성방법에 의한 분류）

隐语按构成方法分类，可分为倒置型、省略型、变读型、谜语型、外来语型、音韵变化型、反义语型、隐喻型、转义语型、合成语型、声态语型和添加型等。

1. **倒置型**：가짜(假的)→짜가，할머니(奶奶)→니머할……
2. **省略型**：동냥아치(乞丐)→양아치，송아지(牛犊)→송지……
3. **变读型**：소금(盐)→백사(白沙)，달(月)→월공(月宫)……
4. **谜语型**：노인(老人)→세다리……
5. **外来语型**：한국어식 영어(韩国语式英语)→궁글리시……
6. **音韵变化型**：여름(夏天)→음열……

7. **反意语型**：벙어리(哑巴)→앵무……
8. **隐喻型**：육군(陆军)→건빵……
9. **转义语型**：불(火)→꽃, 경찰(警察)→검정개……
10. **合成语型**：유부녀(有夫之妇)→갈치……
11. **声态语型**：시계(表)→똑딱이……
12. **添加型**：금(金)→소금……

（二）按阶层分类（계층에 의한 분류）

不同的阶层使用不同的隐语，特别是在下层人中间使用的较多，其中比较典型的有：

1. **宫中语**：수라(饭), 세신다(吃) ……
2. **乞丐语**：용등기(酒), 푸시기(烟) ……
3. **采参人语**：부리시리(人参), 흘림(酒) ……
4. **盗贼语**：째부(刑警), 하꼬노리(火车上的扒手) ……
5. **军人语**：기생지팽이(烟), 물개(海军) ……
6. **僧侣语**：곡차(酒), 향초(烟) ……
7. **赌徒语**：소도리(全取) ……
8. **娱乐语**：장군, 멍군, 포(象棋用语) ……
9. **武士语**：탈(酒), 조리(小孩) ……
10. **犯人语**：학삐리(学生), 뿌시기(烟) ……

（三）学生使用的隐语（학생 사용하는 은어）

目前，韩国的学生之间大量使用隐语，主要因为学生们认为使用隐语不仅有幽默感、亲近感，更有安全感，不使用隐语的学生则会因此受到排斥。

1. 青少年间使用的隐语（청소년들이 사용하는 은어）

（1）用于指称的隐语（지칭하는 용도로서의 은어）。如：

　　깔따구—남자친구（男朋友）

　　깔—여자친구（女朋友）

　　에끼—애인（恋人）

　　담탱이—담임선생님（班主任）

　　꼰대—대장（队长）

　　머리—우두머리（头儿）

　　깔쌈하다—멋져 보이다（漂亮）

（2）关于娱乐活动的隐语（놀이 활동에 대한 은어）。如：

　　비방—비디오방（录像室）

　　야리까다—담배피우다（抽烟）

　　사발치다—거짓말하다（说谎）

　　재끼다—밤새껏 놀다（玩通宵）

（3）描写感情、心理状态的隐语（감정이나 심리상태를 표현한 은어）。如：

　　쪽팔리다—창피하다（丢脸）

　　벙찌다—황당하다（荒唐）

　　갱기다—반항하다（反抗）

（4）赋予新意的隐语（기존단어에 다른 뜻을 넣어 사용하는 은어）。如：

　　　　만두집—오락실（娱乐室）
　　　　새우깡—담배（烟）
　　　　AIDS—담임선생（班主任）
　　　　간판—얼굴（脸）

2. 大学生间使用的隐语（대학생들이 사용하는 은어）。如：
　　　침팬지 커플—캠퍼스 커플(CC)（校园情侣）
　　　옥의 티—오리엔테이션(OT)（入学教育指导）
　　　AT(Animal Training)—엠티(MT)（团队郊游活动）
　　　형광등—부팅이 잘 안된다（反应慢）
　　　하드 디스크를 포맷했다—여자관계를 청산했다
　　　（甩掉女朋友）
　　　바이러스에 걸렸다—실수를 저질렀다（犯错误）

3. 关于电影的隐语（영화에 관한 은어）。如：
　　　구라치다—거짓말하다（说谎）
　　　하이방까다—도망치다（逃跑）
　　　봉카—오토바이（摩托车）
　　　뽀리까다—도둑질하다（偷东西）
　　　진퉁짝퉁—진짜 가짜（真的假的）
　　　난장까다—돈도 없이 이리저리 돌아다니거나 잠자다
　　　（身无分文地四处流浪、睡觉）
　　　아리랑치기—술취한 사람을 구타하고 돈을 빼앗는 짓
　　　（殴打、抢劫喝醉的人）

4. 学生常用的7个隐语（학생이 자주 사용하는 7 가지 은어）

　　존나—아주, 진짜（非常、真的）

　　뽀리다—훔치다（偷）

　　짱—제일（最）

　　빡돌다—화나다(生气)

　　짱보다—망보다（放哨）

　　당근—당연하다（当然）

　　야리다—째려보다（恶狠狠地看）

三、俗　语（속어）

俗语是比较亲密的人之间使用的诙谐而通俗的语言，具有鲜明和幽默的特点。

（一）俗语的分类：（속어의 분류）

1. 单词式俗语

（1）略语（약어）式。如：

　　개성（개같은 성질/狗一样的本性）

　　귀족（귀찮은 족속/麻烦一族）

　　문제아（문제를 잘 푸는 아이/解题高手）

　　석학（돌대가리/石头脑袋）

양가집 딸 (성적표에 양, 가만 있는 아이/成绩单上只有"良""可"的孩子)

아바 (AB 만 있는 성적표/优良成绩)

비실비실 (BC 만 있는 성적표/良好中等成绩)

시들시들 (CD 만 있는 성적표/中等及格成绩)

공주 (공포의 주둥아리/可怕的嘴)

졸업 (졸지에 실업자 되는 것/忽然间成为失业者)

천재 (천하에 재수없는 놈/最倒霉的人)

특공대 (특별히 공부도 못하면서 대가리만 큰 아이/学习特别不好，头长得大的孩子)

범생 (모범생/模范生)

짱나 (짜증나/烦得要命)

왕따 (왕따돌림/受孤立的人)

우등생 (우겨서 등수를 올린 학생/学习不好，但缠着老师要高分的学生)

돈키호테 (돈 많고 키 크고 호감 가고 테크닉 좋은 사람/高富帅)

(2) 类似形态（유사형태）式。如：

구름과자 (담배/烟)

재봉틀 (여자 앞에 뜨는 남자/围着女孩子转的男生)

큰집 (형무소/监狱)

식빵 (네모난 얼굴/方脸)

쌍권총 (F 학점이 두과목인 경우/两科不及格)

(3) 人名（인명）式。如：

　　군발이（군인/军人）

　　담식이（담임선생님/班主任）

　　학발이（학생/学生）

　　인숙이네집（여인숙/小客店）

　　놀부（놀고 먹는 부자/吃喝玩乐的富人）

　　송골매（송장도 골 때리는 메주/长得奇丑无比的女人）

(4) 音节倒置（음절도치）式。如：

　　링컨 대통령（컨닝대장/抄袭大王）

　　요도지망생（지도를 요구하는 학생/需要指导的学生）

　　박호순（순호박/长得丑的女人）

(5) 其他（기타）。如：

　　영빈（영원한 빈대/总占便宜的人）

　　아리쿠리, 야리끼리, 까리까리（삼삼하다/历历在目）

　　대단하다（대가리가 대단하다/脑袋非同寻常）

　　청초하다（청승맞고 초라하다/又倒霉又寒碜）

　　창밖의 여자（쫓겨난 여자/被赶出门的女人）

　　공갈（거짓말/谎话）

　　별（전과/前科）

　　제우（겨우/好不容易）

　　그림그리기（도박/赌博）

　　고무신 거꾸로 신다（애인을 배신하다/外遇）

2. 句子式俗语

如：비 올 때 먼지 나도록 맞고 두 대 더 맞을 놈

下雨的时候被打冒烟了，又该挨两下打的人。(指极其倒霉的家伙)

벼락이 따라가서 맞아 죽을 놈

被闪电追着劈的人。(指极其倒霉)

총알 피하려다 대포알 맞아 죽어라

躲了枪子儿，挨炮轰吧！(指倒霉)

국어를 배웠으면 주제를 알고 산수를 배웠으면 분수를 알라

学习国语知道主题(暗指身份)，学习算术知道分数(暗指分寸)！(比喻人要有自知之明)

떨어져서 울지 말고 웃으면서 포기하자

落榜也不要哭，让我们一起微笑着放弃！(考生自我安慰的话)

가다가 중지 곧 하면 간 것 만큼 이익이다.

即使走着走着停下来，那么走的那段路就是你的收获。(指事情做了就比不做强)

（二）俗语与隐语的区别 (속어와 은어의 구별)

从特征上来看，隐语具有保密性，而俗语具有公开性。

从其出处来看，隐语产生于特殊集团内部，而俗语产生于更广阔的范围和较开放的集团中，如军队、青少年中。

从产生动机上看,隐语是由于宗教、商业、方言等原因引起的,而俗语是出于追求表达效果或心理效果的需要。

从外在表现上看,隐语是集团以外的人无法听懂的,而俗语具有诙谐、新鲜、讽刺的特点。

从功能上看,隐语具有保密、伪装的功能,而俗语具有拉近人们之间的关系和游戏的功能。

从使用期限上看,隐语一旦流入社会,就失去了保密的效用,因而会被其他的词语取代,而俗语的消失是由于它失去了新鲜感。

四、委婉语（완곡어）与禁忌语（금기어）

人们在谈话时总是不愿提及"死亡、疾病、犯罪、危险或是丑陋的动物、性、排泄"这一类的词语,这些词语在语言学中被称为禁忌语。人们因无法回避,于是就采用了比较委婉的一类词来代替,这类词就被称为委婉语。它不仅可以帮助人们准确地表达,而且避免了可能产生的不快。

（一）避讳不愉快事情使用的委婉语

如：죽다(死亡): 돌아가시다/작고하다/영면하다/세상을 뜨다

천연두(天花): 마마/손님/큰손님

쥐(老鼠): 서생원/아기네/며느리

변소(厕所): 뒷간/화장실

똥누다(出恭)：뒤보다
호랑이(老虎)：꽃/산신령/사또/영감

（二）防止产生不好联想使用的委婉语

如：식초(食醋)：단것
감옥(監獄)：형무소/교도소
식모(保姆)：가정부/파출부
구두닦이(擦鞋匠)：미화원
청소부(清扫工)：환경미화원

五、敬语（경어）、平语（평어）与卑语（비어）

敬语是话者对听者或对话中涉及的人或与其相关的事表示尊敬时使用的语言。卑语又叫下待语（하대어）或粗话（상말），是轻视对方时使用的语言。而平语是介于敬语和卑语之间的，不带有任何色彩的语言。例如，"안면"是脸的敬语，而"상판때기"是脸的卑语，"얼굴"则是脸的平语。

下面简单举例说明：

敬语	平语	卑语
치아	이（牙）	이빨
부친/춘부장	아버지（父亲）	애비/아비/꼰대
자당	어머니（母亲）	에미/어미

잡수시다	먹다 (吃)	처먹다
돌아시다	죽다 (死亡)	뒈지다
신사	남자 (男人)	놈
여사	여자 (女人)	년

此外，还有一部分单词，没有对应的敬语，如：

대가리/머리 （头）

주둥아리/입 （嘴）

구멍/귀 （耳）

눈깔/눈 （眼睛）

뱃놈/뱃사람 （船工）

六、惯用语（관용 표현）

在韩国语中，几个词汇根据一定的语法结构组合起来，但不能简单地理解为各个单词意义的总和，这种组合除了有字面上的意义外，还具有抽象意义，这种抽象意义称为惯用语。韩国语中的惯用语主要有熟语（숙어）、成语（성구）、谚语（속담）。

（一）熟语（숙어）

由两个或两个以上的词汇组合起来，起到类似一个词的作用的惯用语称为熟语。

韩国语中与身体部位的名称结合起来的熟语被广泛采用。

这些组合起来的词可以按照字面意义解释，如："손이 크다"为"手大"，但按熟语所特有的解释则被赋予新的意义，即为"大手大脚"。此外，熟语的解释有的还有形象性和感情色彩。如：

손잡다（通力合作）

손에 붙다（得心应手）

얼굴이 간지럽다（自惭形秽）

얼굴만 쳐다보다（察言观色）

낯을 못들다（无地自容）

낯이 깎이다（丢人现眼）

낯이 두껍다（厚颜无耻）

발을 맞추다（步调一致）

발을 펴다（无忧无虑）

발이 넓다（广交八方）

발이 짧다（不走运）

코가 높다（自命不凡）

코를 걸다（垂头丧气）

귀가 무르다（耳软心活）

귀가 밝다（耳聪目明）

귀에 거칠다（不堪入耳）

입이 굳어지다（哑口无言）

입이 귀밑까지 이르다（乐不可支）

입이 빠르다（心直口快）

배가 맞다（气味相投）

배를 내밀다 (刚愎自用)

등에 업다 (倚官仗势)

등을 맞대다 (背道而驰)

등을 대다 (倚仗权势)

어깨가 가볍다 (如释重负)

어깨가 무겁다 (任重道远)

어깨를 겨누다 (你追我赶)

가슴 아프다 (内疚于心)

가슴을 태우다 (忧心如焚)

가슴이 미어지다 (悲痛欲绝)

간을 녹이다 (心烦意乱)

간이 떨어지다 (心惊肉跳)

간이 콩알만 하다 (胆小如鼠)

경을 치다 (酿成大错)

한 눈 팔다 (心不在焉)

담을 쌓다 (老死不相往来)

등골을 뽑다 (剥削压榨)

말발이 서다 (言之有理)

머리를 올리다 (结婚)

손끝이 여물다 (一丝不苟)

(二) 成语 (성구)

出自汉语的典故，按习惯用法，表达特别意义的词汇称为成语。

1. 四字成语

韩国语的成语多为四字成语,并根据汉语按韩国语实际发音译出。如:

각주구검(刻舟求剑)

사면초가(四面楚歌)

연목구어(缘木求鱼)

수수방관(袖手旁观)

단장취의(断章取义)

일망타진(一网打尽)

일거양득(一举两得)

방약무인(旁若无人)

조강지처(糟糠之妻)

전전긍긍(战战兢兢)

유언비어(流言蜚语)

대기만성(大器晚成)

자포자기(自暴自弃)

2. 变化的成语

韩国语的成语中有的汉字成语在韩国语中发生了部分变化,如:

金城鐵壁→금성철벽(铜墙铁壁)

公明正大→공명정대(光明正大)

豪言壯談→호언장담(豪言壮语)

龍頭蛇尾→용두사미(虎头蛇尾)

不撓不屈→불요불굴(不屈不挠)

三顧草蘆→삼고초려（三顾茅庐）

3. 自创成语
韩国语的成语有的成语是以汉字为基础自己加以创造的，如：

문전옥답（門前沃畓）

애지중지（愛之重之）

동문서답（東問西答）

4. 四字以外的成语
韩国语成语中除了四字成语外，还有其他字数的成语，如：

퇴고（推敲）

파경（破镜）

완벽（完璧）

계관（桂冠）

녹림（绿林）

파천황（破天荒）

등용문（登龙门）

미망인（未亡人）

철면피（铁面皮）

천리안（千里眼）

오십보백보（五十步笑百步）

5. 固有成语
韩国语成语中还有根据韩国典故而来的成语，也叫故事成语（고사성어）。如：

함흥차사（咸興差使，指杳无音信）

계란유골（鸡卵有骨，指人的运气不好）

오비이락（烏飛梨落，由于巧合遭到误会）

적반하장（賊反荷杖，指贼喊捉贼）

초록동색（草綠同色，指物以类聚）

6. 被转换的成语

韩国语成语中，将汉语中的四字成语转换为韩国语的固有词成语。如：

井底之蛙→우물 안의 개구리

对症下药→병에 따라 약을 쓰다

亡羊补牢→소 잃고 외양간을 고치다

瓮中之鳖→독 안에 든 쥐

（三）谚语（속담）

谚语在韩国语的惯用语中占有很大比重。谚语是人们将从长期生活体验中获得的经验、教训及思想倾向以含蓄、简洁而生动的语言形象表达的一种方式，具有象征性（상징성）、大众性（대중성）、习惯性（관습성）、日常性（일상성）等特点。

1. 谚语的构成方式

（1）叙述式。如：

발 없는 말이 천리 간다

好事不出门，坏事传千里。

곡식 이삭은 잘 익을 수록 고개를 숙인다

人越有学问越谦虚。

제 얼굴 더러운 줄 모르고 거울만 나무란다

怨天尤人

(2) 疑问式。如：

공든 탑이 무너지랴

功夫不负有心人

한술 밥에 배 부르랴

一口吃不成胖子

(3) 命令式。如：

누울 자리를 보고 발 뻗어라

量体裁衣

올라가지 못할 나무 쳐다 보지도 말라

不要好高骛远

(4) 名词和谓词变体词式。如：

그림의 떡

画中之饼

눈가리고 아웅하기

掩耳盗铃

(5) 修饰式。如：

고양이 세수하듯

如猫洗脸

바람부는 날 가루 팔러 가듯

刮风天去卖面粉

2. 谚语意义的表现手法

（1）谚语从意义上多采用比喻的方法。如：

모래 위에 선 누각

空中楼阁

가루는 칠 수록 고와지고 말은 할 수록 거칠어진다.

粉越筛越细，话越说越粗。

（2）谚语还常将不相关的事物联系起来，在矛盾的概念中表达诙谐和讽刺之意。如：

갓 쓰고 넥타이 매기

不伦不类

도포 입고 논 썰기

穿着道袍耙水田

（3）谚语中有的是将同义词加以反复或将反义词衔接表现意义的相对性。如：

내리 사랑은 있어도 치사랑은 없다.

只有慈心爷娘，没有慈心儿女。

내 돈 서푼은 알고 남의 돈 칠푼은 모른다.

自己东西当宝，别人东西当草。

（4）谚语中有的是前半部分出现的意思由后半部分加强语气。如：

말 타면 종 두고 싶다.

骑着毛驴想骏马

빚 주고 뺨 맞기.

好心不得好报

七、新　语（신어）

随着社会的发展，新事物新概念层出不穷，由此而产生的新词汇叫新语。有些词汇虽已经存在，但由于表现力不足，人们为其增添了词义或赋予了新的意义，我们也将这一类词看做新语。新语根据韩国语法规范，分为新创造的新造语（신조어）和借用其他国家语言的借用语（차용어）。

（一）新语（신어）

新语按照不同的标准，可以有不同的分类，按照新语的形成原因，可以分为缩略型、仿义型、添意型和完全新造的词。

1. 复合型（복합형）。如：

화상회의（视频会议）
멋울림（彩铃）
누리꾼（网民）

2. 缩略型（준말형）

缩略型新语是短语的缩写，它取短语中各个单词的最具代表性的一个字结合而成，具有简单性、趣味性的特点。如：

즐통（즐거운 통신/愉快的通信）
여친（여자 친구/女朋友）
컴맹（컴퓨터 문맹/计算机盲）

3. 仿义型（방의형）

仿义型新语，通过比喻、借代等修辞手法，用已有词语，形象描述事物或现象的词。如：

돈 세탁（洗钱）

녹색 식물（绿色食物）

무역 장벽（贸易壁垒）

검은 돈（黑钱）

거품 경제（泡沫经济）

적자（赤字）

4. 添意型（첨의형）

添意型新语即在原有词义上增添一层新的意思，原有单词多为常用词汇，所添新意与原有单词有相通或相似之处，或是原有词汇的比喻意。如：

노른자위（原指鸡蛋黄，新意为事物最好的部分）

물건너가다（原指过河，新意为以失败告终）

콩가루（原指豆粉，新意为家庭或团体像一盘散沙一样不团结）

초년생（原指学校新生，新意为各行业中的新人）

5. 完全新造的词（새로 만든 어휘）

随着社会的发展，产生了许多新鲜事物和现象，利用原有词汇已经不能充分表达这类现象,或者即使能够解释清楚，但过于累赘。所以人们造了一部分新词，来简洁明了地描述这类新生事物。如：

마마보이（依赖性强的男孩子）

킹카（校园里最帅的男生）

퀸카（校园里最漂亮的女生）

얼짱（脸蛋最漂亮的学生）

맘짱 (心地最美的学生)

마상 (마음의 상처, 心灵的创伤)

갑분싸 (갑자기 분위기가 싸해짐, 突然间冷场)

소확행 (소소하고 확실한 행복, 小确幸)

자만추 (자연스러운 만남 추구, 期待自然的相遇)

(二) 借用语 (차용어)

借用语即借用别国语言，多为外来语，但也有一部分是外来语和固有词或汉字词结合而成的。从形成方式上可分为音译词、半音半译词。

1. 音译词。如：

   모델 (模特)

   클래식 (古典)

   크리스마스 (圣诞节)

   이모티콘 (表情符号)

   뮤지컬 (音乐喜剧)

   클럽 (俱乐部)

2. 半音半译词。如：

   서비스업 (服务行业)

   롱다리 (修长的腿)

   노벨상 (诺贝尔奖)

   반덤핑 (反倾销)

八、流行语（유행어）

流行语是在某一特定时期内广泛使用的语言。往往是使用一段时间后就会消失，但是也有一部分被沉淀下来成为新语。它给人以诙谐、新鲜之感，能够敏锐地反映出当时的社会现实，成为了解当时社会的珍贵资料。尤其是当韩国处于大选等政治变动时期，流行语会大量出现。近来，随着大众传媒的普及，喜剧、广告等节目中也涌现出大量的流行语。

（一）反映政治状况的例子

국물（利益，好处）

사바사바（阿谀奉承）

자의반 타의반（自己的意见和别人的意见各占一半）

3김（金泳三，金大中，金钟泌）

여대야소（与大野小，指执政党大，在野党小）

윤핵관（윤석열 핵심 관계자，尹锡悦候任总统的左膀右臂）

비선실세（秘线实势，实际掌权人物）

（二）反映社会现实的例子

복부인（靠转手房子赚钱的女人）

큰손（证券市场或房地产市场中的）大户

공주병（公主病）

오렌지족（家庭很富有、花钱大手大脚的孩子）

엄지족 (拇指族，指喜欢玩手机的人)

X 세대 (无知的一代)

욜로족(You Only Live Once) (한 번 뿐인 인생 즐기면서 살자는 주의, 怀着不负人生、不负自己, 痛快生活信念的一类人。)

파이어족 – (fire) (젊어서 재산을 빨리 모아서 은퇴 후 자기 삶을 잘 사는 사람들, 年轻时努力赚钱, 提前实现财务自由的一类人。)

이생망 (이번 생은 망했음, 这辈子算完了。年轻人面对激烈的入学考试、求职竞争, 用来自嘲的说法。)

3 당 4 락 (3 시간 자면 대학에 붙고 4 시간 자면 대학에 떨어진다/3 当 4 落, 即每天睡 3 个小时就能考上大学, 睡 4 个小时就落榜。)

（三）其他

핵가족 (小家庭)

입시지옥 (考试地狱)

1 인 가구 (一口之家)

3 포 세대(취업, 결혼, 출산) (不工作、不结婚、不生孩子的一代人)

N 포 세대 (躺平的一代人)

딩크족 (丁克族)

九、聊天语言（채팅언어）

随着网络的日益发达，网民的聊天用语更为多样。有人对网络用语持肯定态度，认为它是一种流行语，有助于语言的多样化发展。也有人对此持排斥态度，认为其不符合语法规范，破坏了语言的规范性。这里我们暂且不论其利弊，就发展趋势来看，其数量与日俱增，其中一部分被固定下来，成为新语并被广泛利用。若将其进行分类，主要有以下几种类型：

（一）**缩写型**（압축형）。如：

메일 (메일/电子邮件)

짱 (짜증/烦)

컴터 (컴퓨터/计算机)

어솨요 (어서오세요/欢迎光临)

강추 (강력한 추천/强力推荐)

（二）**语音变化型**（말소리변화형）。如：

넘 (너무/非常)

업써여 (없어요/没有)

칭구 (친구/朋友)

가치 가까 (같이 갈까/一起走吗)

레알 (real，정말/真的)

쌤 (선생님/老师，先生)

第五章 语言的应用（언어의 응용） 251

（三）符号型（부호형）。如：

(^-^)/（손 흔들어 인사/挥手致意）

:)（웃는 얼굴/笑脸）

-_-（할 말이 없다/无话可说）

!.!（인사할 때 귀엽게 보이려고 쓰는 부호/问候时卖萌）

?.?（물어볼 때 귀엽게 보이려고 쓰는 부호/提问时卖萌）

（四）数字型（숫자형）。如：

020000（이만 안녕/就到这吧, 再见）

2929（에구에구/哎哟哎哟）

0124（영원히 사랑해/永远爱你）

091012（공부 열심히/努力学习）

177155400-나는 당신이 그리워（我想你）

1212-홀짝홀짝 술마시러 가자는 뜻（一起去喝酒）

045-빵사와（买面包回来）

8282（빨리빨리/快）

1004（천사/天使）

7942（친구사이/朋友关系）

486（사랑해/我爱你）

4444-죽어（死了）

827-빨리 연락해（快与我联系）

（五）隐语型（은어형）。如：

담탱이（담임/负责人）

깔 (애인/恋人)

설녀 (서울여자/首尔女孩)

아남 (야한 남자/粗俗的男人)

짭새 (경찰/警察)

쌩까다 (외면하다,헤어지다/不理会，分手)

야리 (담배/烟)

나댄다 (오버한다, 오바한다/自以为是)

第六章　修辞和文体（수사와 문체）

修辞是语言运用中的一个重要现象,是为适应特定的题旨情趣,运用恰当的语言手段,以追求理想的表达效果的技巧。韩国语修辞学主要研究韩国语修辞手段及其言语规律,探索韩国语语言单位的修辞色彩和修辞方法。韩国语文体学是研究韩国语的文体特征的学科,探索人们在不同场合选择语言材料表达文体思想的特点。

一、修　辞（수사）

（一）修辞的定义（수사의 정의）

早在公元前5世纪中叶,古希腊文化就试图将人类的语言活动理论化、系统化,其结果就是修辞学的诞生。顾名思义,"修辞"就是修饰词语,是将语句或文章修饰、打造得漂亮、有条理的技巧。为使表达出来的语句得体、准确,具有较强的感染力,人们在讲话或者写作时,总要修饰词语。研究这种修辞技巧的学问就叫修辞学,也叫美辞学（미사학）。

通过修辞学的学习与研究,可以丰富语言表达手段,自如地遣词造句,同时还可以提高口笔语的实践能力和翻译水平,对鉴赏文学作品也大有裨益。

（二）修辞研究的内容（수사학 연구의 내용）

　　语音学、语汇学、语法学是以语言的某一个组成部分为研究对象的，而修辞学研究的不是语言的某一个组成部分，是综合地研究语言所有的组成部分的运用。因为某些修辞现象是借助语音表现的，必然要涉及语音；修辞学要研究词语的运用，必然要涉及词汇；修辞学要研究不同结构、不同句型的表达效果，不能不涉及语法。然而，修辞学不是研究语音、词汇、语法本身的系统和规律，而是研究怎样选择语言材料及怎样运用具有不同表达效果的声音、词语、句子，从而有效地表达思想感情，增强感染力和说服力。

　　既然修辞是综合运用语言的组成部分，就不可能不涉及逻辑等相关学科。可以说语法、逻辑、修辞是三门不同性质的学科。语法研究语言的结构规律，掌管的是"通不通"；逻辑研究思维形式和思维规律，掌管的是"对不对"；修辞研究语言表达效果的规律，掌管的是"好不好"。因此，不能把他们混淆起来，语言运用中的许多修辞现象不能机械地用逻辑和语法的尺度去衡量。

（三）韩国语修辞手法（한국어 수사법）

　　韩国日常生活及文学作品中常用的修辞手法大约有 60 多种。关于修辞法的分类，有学者主张按语音、句法等分类，有学者主张分为比喻法（비유법）、强调法（강조법）、变化法（변화법）三大类。这里不讲修辞的分类方法，仅介绍常用的修辞手法。

1. 直喻法（직유법）

直喻法又叫明喻（명유），多以"A는 B와 같다"的形式，常使用"마치, 흡사, －같이, －처럼, －양, －듯"等连接语，将 A 事物与 B 事物连接起来。如：

세월은 유수와 같다.

岁月如流水。

지금까지 살아 오도록 오늘처럼 슬픈 날은 없다.

从未像今天这样伤悲。

2. 隐喻法（은유법）

隐喻法被称为"比喻法之王"，又叫暗喻（암유），多以"A는 B이다"的形式，不需要"마치"等媒介词，直接将 A 事物与 B 事物连接起来。如：

학생은 미래의 주인공이다.

学生是未来的主人公。

사랑은 한 떨기 장미꽃이다.

爱是一朵玫瑰花。

3. 活喻法（활유법）

活喻法是将没有生命的东西赋予生物的特性，就像活着的生物体一样来表现的修辞手法。如：

메아리가 길게 흔들리며 바위로 되돌아왔다.

回声长久地颤动着，又返向岩石。

천둥은 먹구름 속에서 또 그렇게 울었나 보다.
雷好像又在乌云中呜咽。

* 从广义上讲，拟人法也应属于活喻法，但一般来说，给没有生命的东西赋予生物属性时，叫活喻，赋予人格特性时，叫拟人法。

4. 讽喻法（풍유법）

讽喻法是将抽象的概念拟人化，间接地表现所要表达的内容的修辞手法。谚语、格言、寓言等多属此修辞法，用幽默讽刺别人也属此类。如：

우물 안 개구리는 자기가 아는 세계를 세계의 전부인 양 착각하는 어리석음에 빠진다.
正像井底之蛙以为自己所知的世界就是世界的全部一样，陷入了一种愚蠢的错觉之中。

백지장도 맞들면 가볍다.
众擎易举。

5. 提喻法（제유법）

提喻法是用同类事物的某一部分指称全体的修辞手法。如：

손발이 맞지 않는다.
（一起干活的人）彼此配合得不好，不协调。

우리에게 빵을 달라.
给我们要点吃的。

6. 换喻法（환유법）

换喻法是借用与其相关联的事物或其特性去表现该事物或其

特性的修辞手法。如：

금테가 짚신을 깔본다.
城里人看不起乡下人。
오늘 오후 청와대에서 중대 발표가 있을 예정이다.
今天下午青瓦台（韩国总统府）要发布重要新闻。

7. 拟人法（의인법）
拟人法是将动物、植物、自然现象等赋予人的生命和属性，像人一样来表现的修辞手法。如：

나무는 고독하다, 나무는 모든 고독을 안다.
树很孤独，树懂得一切孤独。
까마귀 싸우는 골에 백로야 가지 마라.
白鹭别去乌鸦争斗的山谷。

8. 拟物法（의물법）
拟物法是与拟人法相反，给人赋予无生命物体或动植物属性的修辞手法。如：

나는 어린 풀이다.
我是一棵小草。
새끼 낳는 것도 부끄러운 인생.
连生小孩也成了负担的处境。

9. 拟声法（의성법）
拟声法是用拟声副词生动地表现某事物声响的修辞手法。如：

자석에 못이 철컥 달라붙는다.

钉子啪嗒一下贴在吸铁石上。

방울소리기 딸랑딸랑 울린다.

铃铛当啷当啷响。

10. 拟态法（의태법）

拟态法是用拟态副词生动地表现某事物的状态或动作的修辞手法。如：

맑은 물이 졸졸 흘러가는 시내가.

清水潺潺的溪边。

풀잎 위의 이슬이 햇볕에 반짝반짝 빛난다.

叶子上的露珠在阳光的照耀下熠熠生辉。

눈물줄기가 주르르 흘러내렸다.

泪珠一串串滚下来。

11. 象征法（상징법）

象征法是本概念不出现，用补助概念暗示性地去表现本概念的修辞手法。如：

개 같은 날.

倒霉的日子。

더러운 개가 내 지갑을 훔쳐갔다.

卑鄙的家伙偷走了我的钱包。

12. 夸张法（과장법）

夸张法是比实际事物或事实或大或小、或多或少、或远或近、或深或浅等夸大或缩小的修辞手法。如：

구경꾼들이 인산인해를 이루었다.

参观的人流汇成了人山人海。

바늘구멍에 황소바람 들어온다.

针尖小的洞，能吹进斗大的风。

13. 反语法（반어법）

反语法是与话者的实际意图相反的修辞手法。如：

나는 아무래도 나쁜 시인인가 봐.

我好像是一个坏诗人。

너 정말 바보야.

你真是傻瓜！（多用于不懂自己心的爱人，其实是反语）

14. 逆说法（역설법）

逆说法是猛一看似乎不合道理，其实其中蕴含着真理的修辞手法。如：

천재와 바보는 종이 한 장 차이다.

天才与傻瓜只是一纸之差。

우리는 집이 없어 집에 불 날 걱정을 하지 않아도 되니 얼마나 행복하냐.

我们没有家，不用担心家着火，多幸福！

15. 矛盾法（모순법）

矛盾法是将逆说法缩短了用的修辞手法。如：

무소유의 소유.

一无所有的所有

현명한 바보.

英明的傻瓜

가난한 부자.

贫穷的富翁

16. 寓言法（우화법）

寓言法是通过描述动植物或无生命事物的世界，以讽喻人类社会，得出某种训诫的手法。讽喻修辞法可以是一个单词，也可以是一个句子，而寓言法则是整个作品。

如：著名的寓言小说《兔子传》（토끼전），其内容大致为：

龙王生病了，据说只有吃了兔子的肝脏才能痊愈。于是，龙王派臣下乌龟去取兔子的肝脏。聪明的兔子说自己的肝脏放在家里了，要去取，从而得以逃生。（这个故事借乌龟和兔子的故事，赞扬了受压榨、受剥削百姓的聪明，讽刺了凶恶、贪婪阶层的愚钝。）

17. 对照法（대조법）

对照法是将意义不同或相反的词、短语或句子对比排列的修辞手法。如：

인생은 짧고, 예술은 길다.
人生短暂，艺术绵长。

죄를 짓는 것은 사람이지만, 그 죄를 용서하는 것은 신이 다.
犯罪者是人，饶恕罪犯者是神。

18. 同音异义语法（동음이의어법）

同音异义语法是最大限度地使用声音相同、意义相异的单词或语句，同时具有两种意义的修辞手法。如：

그 양반 철모르는 양반이네.
那位先生（贵族）是个不懂事的人。

19. 异音同义语法（이음동의어법）

异音同义语法是与同音异义语法相反，使用发音不同，但意义相同的词语的修辞手法。

如，皇帝吃的饭叫"수라"，两班贵族吃的饭叫"진지"（现代韩国语中为"밥"的敬语），下人吃的饭叫"입시"，年龄身份相同的人吃的饭叫"밥"，祭祀时在神位上摆的饭叫"진메"或"메밥"。

20. 对句法（대구법）

对句法是把相似或彼此相关联的两种事物对仗起来，讲究前后两句结构上及韵律上协调的修辞手法。如：

봄이 오면 꽃이 피고, 여름이 오면 새가 운다.
春天来到，花儿开放；夏天来到，鸟儿啼唱。
낮말은 새가 듣고, 밤말은 쥐가 듣는다.
隔墙有耳。

21. 转置法（전치법）

转置法是为了追求某种效果，打乱正常语序的修辞手法。如："나는 그녀를 사랑한다（我爱那个女人）"为正常语序，但根据需要可以换成"나는 사랑한다 그녀를""그녀를 나는 사랑한다""그녀를 사랑한다 나는"，虽然意思相同，但语感却有差别。

22. 置换法（치환법）

置换法是置换相邻的两个词或词组的顺序，以获得某种效果的修辞手法，又叫交换法（교환법）。如，"잃어 버린 아들의 장난감（丢失了的儿子的玩具）"可以换成"아들의 잃어 버린 장난감"。

23. 交叉配列法（교차 배열법）

交叉配列法是将前一分句或后一分句中的词或短语巧妙交换的修辞手法。如：

좋은 부분은 독창적이지 않고 독창적인 부분은 좋지 않다.
好的部分没有独创性，有独创性的部分不好。
사람은 책을 만들고, 책은 사람을 만든다.
人创造了书，书缔造了人。

24. 逆顺法（역순법）

逆顺法是将条件顺序前后置换叙述的修辞手法。置换法是句法形式顺序上的互换，逆顺法是意义上的互换。如：

ㄱ. 문 닫고 들어오너라.
　　关门进来。
ㄴ. 들어온 뒤 문 닫아라.
　　进来后关门。
ㄷ. 꼼짝 말고 손 들어.
　　别动，举起手。
ㄹ. 손을 든 뒤 꼼짝 마라.
　　举起手后别动。

从逻辑上分析，"ㄱ，ㄷ"两个句子似乎不合情理——关上门怎么进来？别动怎么能举起手？但"ㄴ，ㄹ"两个句子尽管更合情理，却不是地道的韩国语。

25. 列举法（열거법）

列举法是将在意义上相似或相同的单词、短语罗列起来的修辞手法，又叫罗列法（나열법）。如：

술병,물병,바리,사발
酒瓶、水瓶、铜碗、碗
구름무늬,물결무늬,구슬무늬,칠보무늬
云彩花纹、水波花纹、珍珠花纹、七宝花纹

26. 反复法（반복법）

反复法是反复使用意义相同或相似的单词、短语或句子的修辞手法。如：

넓고 넓은 들판.
宽而又宽的原野
날마다 날마다 나는 님이 그리울 때마다
每天每天当我思念你的时候

27. 递进法（점층법）

递进法是表现的强度逐渐增高，最后用语气最强、最重要的短语来结束的修辞手法。如：

호미로 막을 것을 가래로 막는다.
小洞不补，大洞难堵。
바늘 도둑이 소 도둑 된다.
小时偷针，大了偷金。

28. 提示法（제시법）

提示法是将重要的词或短语放在句首的修辞手法。如：

대지, 이 대지는 만물의 어머니이다.
大地，这大地是万物的母亲。
청춘！ 이는 듣기만 하여도 가슴이 설레는 말이다.
青春！这是个听起来就令人心潮澎湃的字眼。

29. 咏叹法（영탄법）

咏叹法是为增加号召力，恳切地表达情感的修辞手法。如：

아, 빨산 불을 던지라, 나의 몸 위에.
啊，投掷红色的火吧，掷向我的身上。
가노라 삼각산아 다시 보자 한강수야.
（我）走了，三角山呀，再见了，汉江水呀。

30. 顿呼法（돈호법）

顿呼法是对目前不在场或已死去的人就像在眼前似的进行呼唤，把没生命的事物、动植物、抽象概念像活物似的亲切地呼唤的修辞手法。如：

엄마야 누나야 강변 살자.
妈妈呀，姐姐呀，在江边生活吧。
바람이여! 저 이름 모를 새들이여!
风啊！不知名的鸟儿们呀！

31. 疑问法（의문법）

疑问法是提出疑问的修辞手法。语法上的疑问句要求回答，而修辞学的疑问法一般不要求回答。如：

아하, 무사히 건넜을까?
이 한밤에 남편은
두만강을 탈없이 건넜을까?
啊，平安渡过了吗？
如此深夜里，丈夫
平安渡过图们江了吗？

32. 反问法（반문법）

反问法是通过疑问的形式诱导结论的修辞手法。如：

아니 땐 굴뚝에 연기 날까?
无风不起浪，有烟就有火。
공든 탑이 무너지랴.
积功之塔不倒塌，功夫不负有心人。

33. 否定法（부정법）

否定法是为了强调某一事实或内容，否定与其相关的不同内容的修辞手法。如：

왕은 항상 기쁘다, 아니 슬프다.
国王常常很高兴，不悲哀。

34. 委婉法（완곡법）

委婉法是避开语感过强或引起不快的词汇或表现，非常柔和地表现的修辞手法。如："얼굴이 못 생겼다(长得丑)"的委婉语为"수수하게 생겼다（长相一般）""싫증나지 않게 생겼다（长得不让人烦）"。

35. 伪恶语法（위악어법）

伪恶语法是与委婉法相反的、故意让人不快的修辞手法。如：

밥그릇을 빼앗긴 지 1년이 되었습니다.
被炒鱿鱼已经一年了（直译：饭碗被夺去一年了）。

36. 美化法（미화법）

美化法是将某一对象加以美化，使其给人美好印象的修辞法。如"거지（乞丐）"的美化语为"（집없는 천사 无家的天使）"，"변소（便所）"的美化语为"화장실（化妆室）"。

37. 中顿法（중간휴식법）

中顿法是日常对话或文学作品中为增加表达效果而暂时停顿的修辞手法。如：

어머니의 사랑의 공덕을 감사하는 표창식은
하늘에서 비가 오고 갬을 가리지 않음이라
세상의 아버지들, 어린이들
꼭, 꼭, 꼭, 와 주세요.

这是为纪念政府确立"母亲节"而作的诗。"세상의 아버지들, 어린이들（世上的爸爸们，孩子们）""꼭, 꼭, 꼭, 와 주세요（一定要来）"恰到好处地运用了中顿法，表达了邀请天下的父亲和孩子来参加"母亲节"纪念仪式的恳切之情。

38. 加音法（가음법）

加音法是当音节数较少时，为了押韵的需要添加音节数的修辞手法。如：

파란-파아란, 하얀-하아얀, 노란-노오란, 홀로-호올로
멀리-머얼리, 덥게-더웁게, 봄-보옴, 냄새-내음새

39. 约音法（약음법）

约音法与加音法相反，当音节数较多时，缩减音节数的修辞手法。如：

마음-맘, 가을-갈, 어두움-어둠

40. 头韵法（두운법）

头韵法就是在诗句中，单词的第一个音节比较一致的修辞手法。如：

오늘밤도 별이 바람에 스치운다.
今夜微风依旧掠过星空。

这一诗句中的"밤,별,바람"可以说是形成头韵法的最好范例。

二、文 体（문체）

（一）文体的定义（문체의 정의）

有关文体的定义已成为学术讨论的议题。由于看问题的角度、研究问题的重点以及所应用的指导理论的不同，派生出了各种不同的说法。文体用英语表示为style，是指语言领域里的独特表达方法。依据《新国语词典（새국어사전）》，"文体"的意义有三种：1.文章的形式，主要指书面语和口语、简洁体和蔓衍体（만연체）等；2.表现作者个性或思想的文章的特色，多表现于文章的语句或措辞中；3.文章的体裁，主要指政论或序记之类。由此来看，文体学是

研究"文体（스타일）"的科学，即研究人们在不同场合用语言表达思想的特点或风格。

文体学是语言学的具体应用，因为语言的灵活性、微妙性、深邃性不是语法规范所能约束的，所以文体学境界高于语法，也深于语法。学习、研究文体学，能辨别语言的社会变体和各种功能文体，也能掌握依照交际情景谋篇布局的规律和特点，从而提高口笔语、翻译等各种实践能力。

（二）文体的分类（문체의 분류）

1. 决定文体的要素（문체를 결정하는 요소）

决定文体的要素多而复杂，文章的长度、文章的分类、词语的选择、表达上的修辞等，均表现了文章的独特个性。

2. 文体的分类（문체의 분류）

（1）根据文章的长度可将文章分为（문장의 길이에 따라）：

① 简洁体（간결체）

简洁体是用较少的语句，简略地表达的文体。句子较短，给人以鲜明的印象和简洁、洗练的感觉，但有干巴、枯燥之虞。如：

다음 해 봄에도 학이 돌아왔다. 세마리 새끼를 쳤다. 또, 풍년이었다. 또, 다음해 봄에도 학은 왔다. 이번엔 두 마리를 쳤다. 평년이었다.

第二年春天，鹤飞回来了，生了三只幼鹤，又是一个丰年。又是一度春天，鹤又回来了，这次又生了两只幼鹤，是一个平年。

② 蔓衍体（만연체）

蔓衍体是修饰语句和反复的内容较多，句子较长，给人以冗长之感的文体。如：

어린 오누이가 십오리쯤 걸어가서. 미루나무들이 하늘을 향해 가지를 쭉쭉 뻗고 서 있는 동구 앞을 지나. 산자락 밑에 엎디어 있는 어느 초가에 들어서면 외할머니와 외할아버지가 "우리 강아지들 왔구나!" 하고 반색하면서 맞은 집. 아니면, 버스로 오십 리쯤 가서 내려, 어미소와 새끼소가 풀을 뜯어먹고 있는 냇가 둑길을 가다가, 원두막이 있는 참외밭을 지나, 들 가운데 있는 동네의 한 집을 찾아들면, 외할머니와 외할아버지는 물론, 외삼촌과 이모가 반색을 하면서 맞은 집이 바로 외가이다.

年幼的兄妹俩走了15里地，来到了耸立着钻天的白杨树的村口，钻进山脚下低矮的草屋里，姥姥和姥爷会高兴地迎接他们，说："我们的狗崽儿回来了！"或者坐公共汽车行驶约50里地，走在牛妈妈和小牛犊悠闲地吃着草的溪边田埂上，穿过搭有窝棚的香瓜地，走进坐落在平原上的农家，姥姥、姥爷，还有舅舅、姨妈高兴地出来迎接，这就是姥姥家。

(2) 根据表达是否有力可将文章分为（힘의 유무에 따라）：

① 强健体（강건체）

强健体是刚劲有力的文体。文笔大胆、豪放、有号召力，但有失具体性之虞。如：

청소년이여, 실패를 두려워하시 말라! 실패는 성공의 어머니이다. 낙심하지 않고 꾸준히 정진하기만 하면, 그대는 진정 폭이 넓고 보람이 있는 삶을 살 수 있을 것이다.

青少年朋友，不要畏惧失败，失败是成功之母。只要不灰心，坚持不懈地努力，你就会拥有灿烂、有意义的人生。

② 优柔体（우유체）

优柔体是柔和、优雅的文体，让人感到一种温和谦逊的美。如：

우리가 수목에서 받는 이 형언（形言）할 수 없는 그윽한 기쁨과 즐거움과 위안과, 그리고 마음의 안정은 어디서 연유하여 오는 것일까? 그것은 흡사 기독교를 신봉하는 이들이 신（神）에게서 받는 그것과도 같다, 아니 자연은, 동양인에게 있어, 성격이 다른 신의 이름일지도 모른다.

我们从树木那儿获得的无以言表的悠长的喜悦、慰藉心灵的恬淡源自哪里呢？这正犹如信奉基督的人们从神那儿获得的一样。不, 自然之于东方人，或许是性格迥异的神的名字吧。

（3）根据是否有修饰成分可分为（수식의 유무에 따라）：

① 干燥体（건조체）

干燥体是修饰的话很少、以理解为中心的文体。虽给人以干瘪的感觉，但却非常平实、清晰。如：

화자(話者)는 명령을 하며 청자(廳者)를 움직이게 하거나 선전과 설득을 통해 그로 하여금 어떤 일을 하고 싶다는 감정을 일으키게 한다. 군대의 구령이나 신문, 텔레비전 광고가 좋은 예이다.

话者发号施令让听者行动，或通过宣传、说服使得听者产生想做某事的欲望。军队的口号及报纸，电视的广告部分即是范例。

② 华丽体（화려체）

华丽体是用华丽的语言进行修饰的文体。给人以充满感情、灿烂的感觉，但有失真实之虞。 如：

황장미를 보통 여자에 비한다면 홍장미는 확실히 그것을 뛰어넘는 미인이다. 고로 황장미는 숙성한 여자같이 점잖아 보이는 데 비하여, 홍장미는 한참 시절을 자랑하는 17,8세의 처녀같은 애교(愛嬌)를 가졌다.

若把黄玫瑰比做普通女子的话，红玫瑰的确是超出普通女子的美人。因而，比之于黄玫瑰看起来像成熟女人的文静，红玫瑰则带有炫耀自己花样年华的十七八岁少女的娇美。

（4）根据表达的语气可分为（어투에 따라）：

① 口语体（구어체）

口语体是用日常生活用语表达的文体。如：

우리는 지나 온 시간을 과거(過去)라 하고. 지금 살고 있는 시간을 현재(現在)라 하며, 앞으로 올 시간을 미래(未來)라 한다. 우리는 좋은 미래를 맞이하기 위하여 열심히 공부도 하고 일도 하며 살아가고 있다.

我们把过去的时光称做过去，把正在打发的时光称做现在，把将要来临的时光称做未来。为了迎接美好的未来，我们努力地学习工作着。

② 书面语（문어체）：

书面语是用仅在文章当中使用的语言来表达的文体，古典小说及正式的文章中比较多见。如：

이 때에 뜰 아래 섰던 군사들이 일시에 달려들려 하니, 토끼, 무단히 허욕을 내어 자라를 쫓아왔다가 수국 원혼이 되게 되니. 이는 모다 자처（自取）한 화라, 누구를 원망하며 누구를 한하리요? 세상에 턱없이 명리（名利）를 탐하는 자는 가히 이것을 보아 경계할지로다.

这时，站在院子里的士兵们一起跑过去。兔子无端地起了贪欲之心，追逐乌龟，成了水中之冤魂，这都是咎由自取，能怨恨谁呢？世上没来由地追逐名利之人要以此为戒。

（5）根据使用的语言可分为（용어에 따라）：

① 韩文体（한글체）

韩国语体是用纯韩国语表达的文体，又叫国文体（국문체）。

② 汉文体（한문체）

汉文体是用纯汉语表达的文体。

③ 韩汉文混用体（국한문 혼용체）

韩汉文混用体是汉文与韩国语混用的文体。以韩文为主的称为韩主汉从体（국주 한종체）；以汉文为主的，称为汉主韩从体（한주 국종체）。

④ 翻译体（번역체）

翻译体是将外国文字译成韩国语的文体。

（6）根据终结词尾可将文章分为（종결 어미에 따라）：

① 敬语体（경어체）

敬语体是使用尊敬阶（합쇼체）、准尊敬阶（해요체）终结词尾的文体。

② 平语体（평어체）

平语体是使用平阶（하오체）、准平阶（하게체）终结词尾的文体。

③ 卑语体（비어체）

卑语体是使用卑阶（해라체）终结词尾、不定阶（해체）终结词尾的文体。

（7）根据文章的形式可分为（글의 형식에 따라）：

① 韵文体（운문체）

韵文体是像乡歌、民谣之类具有相同的字数、韵律、适于朗读的文体。

② 散文体（산문체）

散文体是没有相同的字数节律、用散文写成的普通文体。

③ 内简体（내간체）

内简体是妇女使用的书信体或用于写日记、随笔一类的古典文体。

④ 歌辞体（가사체）

歌辞体是使用像歌词 3·3，4·4 调韵律的文体。

(8) 根据文章的应用可分为（문장의 응용에 따라）：

① 公文体（공문체）

公文体是书写比较正式的公文时使用的文体，是国家机关、企业、团体、学校等公务、技术活动的产物。

② 科技体（과학체）

科技体是介绍科技知识时使用的文体，以说明为主，是阐述自然现象、人类思维和社会现象并揭示客观规律的语体。

③ 政治体（정치체）

政治体是借助概念、判断、推理等形式进行具有逻辑性的论说时使用的文体。

④ 文艺体（문예체）

文艺体包括韵文和散文，主要有诗歌、散文、戏剧、小说等，通过形象思维反映世界，依靠艺术思维塑造形象，表达感情，感染读者。

（三）文体的研究内容及方法（문체의 연구 내용과 방법）

韩国语文体学研究的内容比较宽泛，这里主要介绍选择（선택）和偏离（일탈）。

1. 选择（선택）

选择主要包括单词的选择（낱말의 선택）和句子的选择（문장의 선택）。

(1) 单词的选择（낱말의 선택）

① 辨别词义的差别有所选择。比如，关于"房屋"一词有多

种表达，但具体意义略有差别。如：

주소：住所，指一般居住的地方。
주택：住宅，含郑重之意。
집：　家，一般意义上的家。
댁：　府上，"집"的敬语。
가옥：家屋，有古语色彩。

② 辨别语体上的差别有所选择。比如，关于"脸"一词有多种表达，但语体上却有较大的差别。如：

용모：容貌，含有高雅之意。
얼굴：脸，一般意义上的，比较通用。
낯：　脸面，比较通俗、常用。
체면：体面，用于比较正式的场合。
안면：颜面，比较高雅。
뺨：　面颊，比较通俗。

③ 辨别感情色彩的差别。比如，"놈"一词通常给人的感觉是"坏家伙"，多含有贬义。但用在不同的场合，其感情色彩却有很大的不同。当问及某位父亲，他的儿女在做什么时，他答道：

큰 놈은 미국에서 영어를 공부하고 있고, 작은 놈은 중국에서 중국어를 공부하고 있어요.

在这里尽管用了"놈"一词，但不难看出一位父亲对两个孩子的喜爱之情。

（2）句子的选择（문장의 선택）

句子的选择主要包括句子顺序的选择和句式的选择，根据表达的需要，可对句子顺序的排列及不同的句式进行选择，从而实现理想的文体效果。

关于句子顺序的选择，前面修辞中对句法、倒置法、交叉排列法、递进法等修辞手段已有说明，将不再赘述。这里主要介绍一下句式的选择。

① 双重否定句式的选择。

ㄱ. 사회가 발전하면서 운동은 없어서는 안 될 역할을 하고 있다.
随着社会的发展，体育运动起着不可或缺的作用。

ㄴ. 사회가 발전하면서 운동은 아주 중요한 역할을 하고 있다.
随着社会的发展，体育运动起着很重要的作用。

不难看出，"ㄱ"句选用了双重否定的句式，比"ㄴ"句具有较强的表达效果。

② 否定疑问句式的选择。

ㄱ. 그게 아주 좋은 표현이 아닙니까?
那不是很好的表达吗？

ㄴ. 그게 아주 좋은 표현이다.
那是很好的表达。

③ 委婉语句式的选择。

ㄱ. 도와 주실래요?
您能帮我吗?

ㄴ. 도와 주세요.
请帮帮我。

ㄷ. 가르쳐 주세요.
请教教我。

ㄹ. 가르쳐 주셨으면 고맙겠습니다.
若您能教我,将十分感谢。

(3) 根据文章体裁选择文体(문장 장르에 의한 문체의 선택)

根据行文时的叙述形式可将文章分为演说文、纪行文、广告文、论说文及说明文等多种体裁。不同的文章体裁有各自的特点,应分别选择适当的文体。这里以报纸广告文（신문광고문）为例,简要说明一下。

① 广告标题的特征

★ 语言表达的明确性

为了让读者一看标题就知道内容,广告标题的语言应准确、明确。如:

한국인들에게 가장 적합한 어휘학습서
最适合韩国人学习词汇的书
윤 당선인 대변인 일일 브리핑
尹锡悦候任总统代言人每日新闻发布会

★ 语言表达的简洁性

为了避免分散读者的注意力，报纸广告文的标题通常选用简洁的短语或句子，忌用长句子。这样的广告给读者的印象更深刻。如：

카페인이 없는 '완서' 제약 두통약!

没有咖啡因的"宛西"制药头痛药。

일등 상품 초대박 세일 SALE !

优质商品超级大减价!

★ 敬语法的使用

一般广告文及广告标题应使用敬语，但也有一些广告标题不使用敬语。如：

피로를 이기자.

让我们战胜疲劳吧!

누가 중소상인을 보호할 것인가?

谁来保护中小商人？

② 广告文的特征

★ 六点省略号的使用

报纸广告文与标题一样，常常省略谓语或谓语的部分要素，从而使浓缩了的广告词给人以紧迫感。如：

테이프와 화면의 상태에 따라 항상 최적의 화질로 자동조절. 화면에 나타나는 영문자막으로 영어회화를 효과적으로 공부.

将录音带和画面自动调节至最佳状态，借助画面出现的英文字幕高效率地学习英语会话。

★ 敬语法的使用

如前所述，广告标题可以不使用敬语，但广告文不同于广告标题，多使用敬语，且尊敬阶（합쇼체）多于准尊敬阶（해요체）。如：

여름 감기에는 역시 '모란'감기약입니다. 약효가 빠르고 부작용이 없습니다.

夏季感冒还是要用"牡丹"牌感冒药，它药效快，无毒副作用。

③ 以转成词尾"ㅁ/음"结束的广告文

广告文的句子通常以转成词尾"ㅁ/음"结束。这样虽给人以生硬的感觉，但主要是为了单纯地传达给读者信息。如：

경력과 능력에 따라 대우 조건은 결정함.

由经验和能力决定待遇。

제출된 서류는 일체 반환치 않음.

不返还递交的书面材料。

2. 偏离（일탈）

偏离是为了追求某种效果而暗示若干规则性，并将其打破的文体手段。也即从语言关系上看，文体是对于语言规范的偏离，是超出语言、词汇和语句的常规创造出独特的文体风格，从而取得生动、形象的效果。因为散文语言相对来说要规范得多，所以，这里所说的偏离主要产生于诗歌语言中。比如诗人申石挺（신석정）的著名

诗句"어머니/그 먼 나라를 알으십니까?"

从语音规范来看,"알으십니까"是错误的,甚至在散文中是不允许的。但这里的"알으십니까"不是立足于一般意义上的"知道或不知道(알다/모르다)",而是为了表达对理想国家(그 먼 나라, 이상향)强烈的向往之情,突出了表达效果。

文体可以从语言学、心理学、社会学等多个方面进行研究。心理学方法是探求作家的精神世界的方法,即从心理学的角度研究文章的目标、作者的性格、艺术感受、象征和比喻、比较等;社会学方法是探求时代社会背景、地域特性、社会阶层、文学体裁的特征等对文体形式影响的方法。这里仅从语言学方面进行研究。

语言学研究方法是分成语言单位或阶层,研究构成文体要素的方法,可按音韵论、形态论、统辞论、语义学、谈话论等分别进行研究。

音韵可具体分为元音调和、前后舌位、音节强势、重音、语调等等。形态素可具体分为助词、接头接尾词、派生、合成、词性、反复等,单词可具体分为同义词、近义词、多义词、反义词、惯用语及词汇的选择,句子可具体分为叙述、能动、被动、主动、使动、肯定、否定、时态、敬语法、接续、脱落、缩略、倒装等。

语音是音韵学的主要内容,包括辅音、元音、音节。如"달랑달랑"和"덜렁덜렁"音韵不同,"중얼중얼"和"종알종알"的音韵也不同,其表达效果自然也不同。

这种表达效果的不同,不仅表现在音韵方面,词语的选择不同,表达效果也不同。 如:

철수는 가끔 엉뚱한 말과 행동을 한다.

哲洙偶尔言谈举止不着边际。

철수는 때때로 이상한 말과 행동을 한다.

哲洙有时言谈举止有些怪异。

"엉뚱하다"与"이상하다"尽管意义相近,但整个句子的意思仍有很大的差异。有时仅仅因为一个助词的不同,整个句子的意义有很大差异。如:

영숙이는 피아노를 잘 친다.

英淑钢琴弹得很好。

영숙이는 피아노도 잘 친다.

英淑钢琴弹得也好。(言外之意,别的也好)

即便是同一个内容,因用了不同的句式,表达效果也不同。如:

수미의 나이를 알고 싶다.

想知道秀美的年龄。

수미의 나이를 말해 주면 좋겠다.

秀美你告诉我你的年龄就好了。

수미가 몇 살인지 말해 줄 수 있겠니?

秀美几岁了,能告诉我吗?

수미야, 너는 몇 살이니?

秀美,你几岁了?

수미야, 너의 나이를 말해 보아라.

秀美呀,告诉我你的年龄。

第七章　南北语言比较（남북언어비교）

在朝鲜半岛分裂的七十多年中，由于南北双方社会制度和语言规范不同，造成了语言上的差异，主要表现在字母、音韵、拼写、词汇、语法等方面。

一、字　母（자모）

（一）朝鲜语和韩国语字母的排列顺序不同

辅音（자음）

韩国语：ㄱ ㄲ ㄴ ㄷ ㄸ ㄹ ㅁ ㅂ ㅃ ㅅ ㅆ ㅇ ㅈ ㅉ ㅊ ㅋ ㅌ ㅍ ㅎ

朝鲜语：ㄱ ㄴ ㄷ ㄹ ㅁ ㅂ ㅅ ㅈ ㅊ ㅋ ㅌ ㅍ ㅎ ㄲ ㄸ ㅃ ㅆ ㅉ ㅇ

元音（모음）

韩国语：ㅏ ㅐ ㅑ ㅒ ㅓ ㅔ ㅕ ㅖ ㅗ ㅘ ㅙ ㅚ ㅛ ㅜ ㅝ ㅞ ㅟ ㅠ ㅡ ㅢ ㅣ

朝鲜语： ㅏ ㅑ ㅓ ㅕ ㅗ ㅛ ㅜ ㅠ ㅡ ㅣ ㅐ ㅒ ㅔ ㅖ ㅚ ㅟ ㅢ
　　　　ㅘ ㅝ ㅙ ㅞ

收音（받침）
韩国语： ㄱ ㄲ ㄳ ㄴ ㄵ ㄶ ㄷ ㄹ ㄺ ㄻ ㄼ ㄽ ㄾ ㄿ ㅀ ㅁ
　　　　ㅂ ㅄ ㅅ ㅆ ㅇ ㅈ ㅊ ㅋ ㅌ ㅍ ㅎ
朝鲜语： ㄱ ㄳ ㄴ ㄵ ㄶ ㄷ ㄹ ㄺ ㄻ ㄼ ㄽ ㄾ ㄿ ㅀ ㅁ ㅂ
　　　　ㅄ ㅅ ㅇ ㅈ ㅊ ㅋ ㅌ ㅍ ㅎ ㄲ ㅆ

（二）朝鲜语和韩国语的部分字母名称不同

韩国语： ㄱ(기역) ㄴ(니은) ㄷ(디귿) ㄹ(리을) ㅁ(미음)
　　　　ㅂ(비읍) ㅅ(시옷) ㅇ(이응) ㅈ(지읒) ㅊ(치읓)
　　　　ㅋ(키읔) ㅌ(티읕) ㅍ(피읖) ㅎ(히읗) ㄲ(쌍기역)
　　　　ㄸ(쌍디귿) ㅃ(쌍비읍) ㅆ(쌍시옷) ㅉ(쌍지읒)
朝鲜语： ㄱ(기윽) ㄴ(니은) ㄷ(디읃) ㄹ(리을) ㅁ(미음)
　　　　ㅂ(비읍) ㅅ(시읏) ㅇ(이응) ㅈ(지읒) ㅊ(치읓)
　　　　ㅋ(키읔) ㅌ(티읕) ㅍ(피읖) ㅎ(히읗) ㄲ(된기윽)
　　　　ㄸ(된디읃) ㅃ(된비읍) ㅆ(된시읏) ㅉ(된지읒)

韩国语和朝鲜语名称不同的字母归纳如下：

韩国语	朝鲜语
기역	기윽
디귿	디읃

시옷　　　　　　　　　　　　시옷
쌍기역,쌍디귿,쌍지읏……　　　된기윽,된디읃,된지읏

（三）字母后有助词时，南北双方的发音不同。

助词"이"	韩国语	朝鲜语
지읏이	지으시	지으지
치읓이	치으시	치으치
키읔이	키으기	키으키
피읖이	피으비	피으피

二、音　韵（음운）

（一）收音（받침）的区别

1. 收音"ㄼ"

韩国语收音"ㄼ"一般发[ㄹ]音。而朝鲜语则一般发[ㅂ]音，只有当该单词后出现"ㄱ"时，才发为[ㄹ]。如：

单词	韩国语	朝鲜语
넓다（宽阔）	[널따]	[넙다]
넓던	[널떤]	[넙던]
넓디넓은	[널띠널븐]	[넙디널븐]
넓지	[널찌]	[넙찌]
넓고	[널꼬]	[넙꼬]

2. "ㅅ"前"ㅎ"的发音

当"ㅅ"前有收音"ㅎ"时，韩国语的"ㅎ"不发音，而朝鲜语发音为[ㄷ]。

单词	韩国语	朝鲜语
놓습니다（放下）	[노씀니다]	[녿씀니다]
닿소（到达）	[다쏘]	[닫쏘]
좋습니다（好）	[조씀니다]	[졷씀니다]

3. "맛있다"与"멋있다"

在韩国语中，这两种发音都被认可，前者是遵循隔音法（절음법）规则，后者是遵循连音（연음）规则。朝鲜语遵循连音规则。如：

单词	韩国语	朝鲜语
맛있다	[마딛따/마싣따]	[마싣따]
멋있다	[머딛따/머싣따]	[머싣따]

（二）同化现象（동화현상）

1. 辅音同化（자음동화）

（1）"ㄹ"被"ㅇ, ㅁ, ㄱ, ㅂ"同化

在韩国语"ㄹ"出现在"ㅇ,ㅁ,ㄱ,ㅂ"后面时被同化为[ㄴ]音。而朝鲜语中"ㄹ"在所有元音之前仍发[ㄹ]音。如：

单词	韩国语	朝鲜语
강릉（江陵）	[강능]	[강릉]

항로 (航路)	[항노]	[항로]
담력 (胆力)	[담녁]	[담력]
침략 (侵略)	[침냑]	[침략]
막론 (无论)	[망논]	[망론]
백리 (百里)	[뱅니]	[뱅리]
협력 (合作)	[혐녁]	[혐력]
십리 (十里)	[심니]	[심리]

（2）"ㄴ"被"ㄹ"同化

无论朝鲜语还是韩国语，当<ㄴ>遇到<ㄹ>时，绝大部分情况下，<ㄴ>被同化为<ㄹ>。如：

★ "ㄹ" + "ㄴ"

일년[일련], 칼날[칼랄], 물난리[물랄리], 줄넘기[줄럼기], 할는지[할른지]

★ "ㄴ" + "ㄹ"

난로[날로], 신라[실라], 천리[철리], 광한루[광할루], 대관령[대괄령]

但朝鲜语有一部分单词按照拼写发音，并不进行辅音同化。如：

선렬[선렬], 순렬[순렬], 순리익 [순리익]

另有一些单词虽南北双方拼写不同，但由于朝鲜语有"ㄴ"+"ㄴ"→"ㄹ"+"ㄹ"的变音规则，所以最终发音是相同的。

韩国语	朝鲜语
곤란[골란] （困难）	곤난[골란]
한라산[할라산] （汉拿山）	한나산[할라산]

논란[놀란]（指责）　　　　　논난[놀란]

혼란[홀란]（混乱）　　　　　혼난[홀린]

2. 元音同化 （모음동화）

（1）由于元音调和（모음조화）引起的发音变化

韩国语规定，收音"ㅂ"除"곱-(다)"，"돕-(다)"采用"-와"以外，其余都采用"-워"的形式。朝鲜语规定，词根最后一个音节的元音为"ㅏ""ㅗ"时，采用"-와"的形式。如：

韩国语	朝鲜语
괴로워,괴로워도 （痛苦）	괴로와, 괴로와도
새로워서, 새로워야 （新）	새로와서,새로와야
아름다워라 （美丽）	아름다와라 （감탄형）

（2）"ㅣ"的元音同化

当"ㅣ"的后面出现元音时，后面的元音被同化为"여"或"요"。韩国语规定不同化也可以，但朝鲜语规定必须同化。如：

单词	韩国	朝鲜
피어 （盛开）	[피어/피여]	[피여]
새어 （漏）	[새어/새여]	[새여]
떼어 （拿开）	[떼어/떼여]	[떼여]
이오 （是）	[이오/이요]	[이요]
아니오 （不是）	[아니오/아니요]	[아니요]

（三）"ㄴ"音的添加 （첨가）

韩国语有添加 "ㄴ" 音的规则。即在合成词和派生词中，前

一个单词以辅音结束，后一个单词以"이,야,여,요,유"开始时，添加"ㄴ"，发音为[니,냐,녀,뇨,뉴]。由于朝鲜语无添加"ㄴ"音的规则，而导致南北单词发音不一致。如：

单词	韩国	朝鲜
눈요기（饱眼福）	[눈뇨기]	[누뇨기]
막일（末日）	[망닐]	[마길]
맨입（空口）	[맨닙]	[매닙]
색연필（彩笔）	[생년필]	[새견필]
식용유（食用油）	[시콩뉴]	[시콩유]
콩엿（加豆的麦芽糖）	[콩녇]	[콩엳]
한여름（盛夏）	[한녀름]	[하녀름]

需要注意的是，在韩国语中，当"ㄹ"遇到"ㅇ"时，添加"ㄴ"音，然后根据"ㄹ"+"ㄴ"的变音规则，[ㄴ]会变为[ㄹ]。也即相当于添加了一个[ㄹ]音。而朝鲜语没有这条规则，仍按照拼写发音。因此有如下不同。如：

单词	韩国语	朝鲜语
들일（农活）	[들릴]	[드릴]
솔잎（松针）	[솔립]	[소립]
설익다（半生不熟）	[설릭따]	[서릭다]
물약（药水）	[물략]	[무략]
불여우（红狐）	[불려우]	[부려우]
서울역（首尔站）	[서울력]	[서우력]
휘발유（汽油）	[휘발류]	[휘바류]

三、拼写法（맞춤법）

（一）关于"ㅖ"的拼写

下面这类单词虽然南北发音相同，但拼写略有不同。朝鲜语除汉字词中的"계,례,혜,예"写作"ㅖ"外，其余都写作"ㅔ"。如：

韩国语	朝鲜语
메별（袂别）	메별
연메（連袂）	련메
페품（廢品）	페품
페쇄（閉鎖）	페쇄
화페（貨幣）	화페
페염（肺炎）	페염

（二）头音规则（두음법칙）

1. 韩国语所适用的头音规则，朝鲜语则不适用，规定汉字词的每个音节都按相应的汉字的发音来拼写。如：

韩国语	朝鲜语
여자（女子）	녀자
연령（年齡）	년령
염려（惦念）	념려
영악（凶惡）	녕악
양심（良心）	량심
여관（旅館）	려관

이치（道理） 리지
에의（礼仪） 례의
낙원（乐园） 락원
노상（路上） 로상
내일（明天） 래일
뇌관（雷管） 뢰관

2. 韩国语中"ㄴ"音或元音后应出现"렬, 륲"时，拼写为"열, 율"。而朝鲜语仍按汉字发音拼写。如：

韩国语	朝鲜语
나열（罗列）	라렬
치열（炽烈）	치렬
파열（破裂）	파렬
비열（卑劣）	비렬
기율（几率）	기률
비율（比率）	비률
전열（前列）	전렬
선열（先烈）	선렬
균열（龟裂）	균렬
운율（韵律）	운률
전율（颤栗）	전률
백분율（百分率）	백분률

3. 韩国语以汉字作为接头词的单词或是在合成词中，后一个单词的第一个音节同样适用头音规则，朝鲜语则不适用。如：

韩国语	朝鲜语
신여성 (新女性)	신녀성
남존여비 (男尊女卑)	남존녀비
역이용 (反过来利用)	역리용
순이익 (纯利润)	순리익

(三)"ㅣ"的逆行同化 (역행동화)

朝鲜语规定"이"的逆行同化,而韩国语则无此规则,但有两个单词例外,即"신출내기(新手)""냄비(小锅)"。如:

韩国语	朝鲜语
가랑이 (裤腿儿)	가랭이
가자미 (比目鱼)	가재미
누더기 (破烂衣服)	누데기
마상이 (舢板)	매생이
싸라기 (碎米)	싸래기
엉덩이 (臀部)	엉뎅이
지푸라기 (稻草)	지푸래기
부스러기 (碎屑)	부스레기

(四)收音 (받침)

1. 收音脱落的情况

韩国语中,有的单词有两个收音,而朝鲜语只有一个,另一个脱落。

韩国语	朝鲜语
넓적다리（大腿）	넙적다리
넓적뼈（股骨）	넙적뼈
넓죽하다（稍长而宽）	넙죽하다

2. 收音后移的情况

韩国语以接尾词"-이"构成的单词中，仍保持词根和接尾词的独立性，而朝鲜语按照读音拼写，因而出现读音后移的情况。如：

韩国语	朝鲜语
더펄이（冒失鬼）	더퍼리
쌕쌕이（一种美国喷气式驱逐机的俗称）	쌕쌔기
오뚝이（不倒翁）	오또기
딱딱이（更夫）	딱따기
푸석이（酥脆的东西）	푸서기
더덜이（啰嗦的人）	더더리
털털이（随便的人）	털터리

（五）复合词（복합어）

1. "이"（齿）的复合词

南北双方复合词中出现"이"（齿）时，拼写不同，韩国语拼写为"니"，朝鲜语拼写为"이"，但发音均为[니]。如：

韩国语	朝鲜语
톱니（锯齿）	톱이
덧니（虎牙）	덧이

사랑니 (智齿)	사랑이
송곳니 (犬齿)	송곳이
앞니 (门牙)	앞이
어금니 (臼齿)	어금이

2. "ㅅ"音的添加

在韩国语中，一部分复合词，当词与词或词与词根结合时，要添加"ㅅ"，而朝鲜语不添加。如：

韩国语	朝鲜语
고랫재 (坑道灰)	고래재
귓밥 (耳屎)	귀밥
냇가 (溪边)	내가
멧나물 (山菜)	메나물
빗물 (雨水)	비물
나뭇잎 (树叶)	나무잎
베갯잇 (枕头套)	베개잇
콧병 (鼻炎)	코병

3. "ㅎ"音的添加

朝鲜语中，单词与表示"雄性"的"-수"和表示"雌性"的"-암"结合时，添加"ㅎ"，从而引起拼写上的变化，而韩国语不添加。下面仅就"-수"举例：

韩国语	朝鲜语
수거미 (公蜘蛛)	수커미
수게 (公蟹)	수케

수고양이（公猫）　　　　　　　수코양이

수곰（公熊）　　　　　　　　수콤

수벌（公蜂）　　　　　　　　수펄

수범（公虎）　　　　　　　　수펌

수비둘기（公鸽子）　　　　　수피둘기

（六）接尾词（접미사）

在韩国语中，发紧音的接尾词拼写为紧音，但朝鲜语无此规定，仍拼写为松音。如：

韩国语　　　　　　　　　　　朝鲜语

-꾼（……的人）　　　　　　-군

빛깔（色彩）　　　　　　　　빛갈

맛깔(-스럽다)（好吃）　　　　맛갈（-스럽다）

색깔（颜色）　　　　　　　　색갈

객쩍다（多余）　　　　　　　객적다

맥쩍다（难为情）　　　　　　맥적다

멋쩍다（无聊）　　　　　　　멋적다

四、分写法（띄어쓰기）

（一）依存名词（의존명사）

韩国语的依存名词（以及单位名词）与前面的单词分写，朝鲜

语则合写。如:

韩国语: 먹는 것, 가질 만큼, 약속한 대로, 뜻한 바, 갈 수, 아는 이, 떠난 지

朝鲜语: 먹는것, 가질만큼, 약속한대로, 뜻한바, 갈수, 아는이, 떠난지

(二) 数词 (수사)

韩国语的数字以"万"为单位分写,朝鲜语的数字则以"百,千,万,亿,兆"为单位分写。如:

韩国语: 십이억 삼천사백오십육만 칠천팔백구십일
　　　　12 억 3456 만 7891

朝鲜语: 십이억 삼천 사백 오십육만 칠천 팔백 구십일
　　　　12 억 3 천 4 백 56 만 7 천 8 백 91

(三) 姓名 (성명), 号 (호), 字 (자) 及称呼语 (호칭어), 职位名称 (직명)

1. 姓和名

韩国语以合写为基本原则,如"김호철",但若是复姓时,允许姓和名分写,朝鲜语则不允许把姓和名分写。如:

韩国语	朝鲜语
남궁 식 (성이 "南宫" 인 경우)	남궁식
황보 영(성이 "皇甫" 인 경우)	황보영

2. 称呼语和职位名称

韩国语中姓名（或姓）前后的称呼语或职务名称分写，而朝鲜语中称呼语和职位名称在姓名前分写，在其后则合写。如：

韩国语	朝鲜语
최치원 선생	최치원선생
박동식 씨	반장 박동식
이홍주 박사	이홍주박사

（四）谚语（속담）和成语（성구）

韩国语中谚语的各音节间分写，而在朝鲜语中则可以不分写。如：

韩国语	朝鲜语
식은 죽 먹기（像喝凉粥似的，易如反掌）	식은죽먹기
수박 겉 핥기（舔西瓜皮，隔皮猜瓜）	수박겉핥기
고양이 쥐 생각하듯（猫疼老鼠，假慈悲）	고양이쥐생각하듯

（五）名词和"-하다,-되다,-시키다"之间插入"못, 아니(안)"时的分合写

朝鲜语中，"못, 아니(안)"与后面的"-하다, -되다, -시키다"合写，韩国语则分写。如：

韩国语	朝鲜语
용서 못 하다	용서 못하다
연습 못 시키다	연습 못시키다
공부 아니 하다	공부 아니하다

五、词 汇（어휘）

南北因双方社会制度、语言政策等不同导致在词汇使用上也出现一些差别，主要表现在固有词、汉字词、外来语、异音同义词、同音异义词等方面。

（一）固有词（고유어）

固有词指以本国固有的语言资料为基础创制的词汇。朝鲜提倡使用固有词，而韩国则较多使用汉字词和外来语。如：

韩国语	朝鲜语
홍수（洪水）	큰물
레코드（唱片）	소리판
젤리（果冻）	단묵
파마（烫发）	파마/빠마
노크（敲门）	손기척
인력（引力）	끌힘
월동（越冬）	겨울나이
시럽（果子露）	단물
카스테라（蛋糕）	단설기
관절（关节）	뼈마디

（二）汉字词（한자어）

汉字词大多是借用汉字的意思而以韩国语发音的词汇。由于汉语中的同义词、近义词较多，导致南北双方在借用汉字词的时候选择的词汇不一，因而在汉字词上存在着差别。如：

韩国语	朝鲜语
상이군인（荣誉军人）	영예군인
기상대（气象台）	기상수문국
검문소（检查站）	검열소
공무원（公务员）	정무원
저서（著作）	로작
대풍년（丰年）	만풍년
확성기（扬声器）	고성기
결과（结果）	후과
서명（签名）	수표
진열대（柜台）	매대
수업시간（上课时间）	상학시간
솔선수범（以身作则）	이신작칙
대중가요（大众歌谣）	군중가요
동양화（水墨画）	조선화

（三）异音同义语（이음동의어）

异音同义语即发音不同、意思相同的词。这类词大多可以在字典里找到，只是由于习惯的不同，而导致选择不同的词语。如：

韩国语	朝鲜语
상호（互相）	호상

보증하다（保证）	담보하다
위（上）	우
아내（妻子）	안해
도시락（盒饭）	곽밥
국민（人民）	인민
(값)싸다（便宜）	눅다
화장실（厕所）	위생실
채소（蔬菜）	남새
단짝친구（知己）	딱친구

（四）同音异义语（동음이의어）

同音异义语指拼写相同但意义不同的单词，这部分单词甚至影响了南北间的沟通。因为人们总以自己具备的知识背景去理解对方的话，极易引起误解。因而，同音异义语已成为南北语言交流的障碍。如：

"세포"在韩国语中指组成生物体的基本单位，而朝鲜语中，除这种意义之外还指党的基层组织。

"일꾼"在韩国语中指通过体力劳动换取工钱的人，在朝鲜语中还指公务员。

"교시"在韩国语中指教育，在朝鲜语中特指领导的指示。

（五）朝鲜语中由方言升级为标准语①的单词

게사니 平安道方言（평안）→거위（鹅）

마스다 咸镜北道方言（함북）→부수다（破坏）

아바이 咸镜道方言（함경）→아저씨（大叔）

달구지 平安道方言（평안）→수레（畜力车）

인차 咸镜道方言（함경）→곧（马上）

망돌 咸镜道方言（함경）→맷돌（磨）

（六）仅在韩国语或仅在朝鲜语中使用的单词

不同的政治、经济、社会制度导致了一部分单词只能在韩国语中或只能在朝鲜语中使用，只有较好地了解两国国情，才能正确理解和掌握这部分单词。

1. 仅在朝鲜语中使用的单词

政治领域： 로농적위대（劳动赤卫队）

애국미헌납운동（捐献爱国米运动）

인민민주주의독재（人民民主主义专政）

천리마운동（千里马运动）

최고수뇌（最高领袖）

社会领域： 건국미（建国米）

로동영웅운동（劳动模范运动）

분조관리제（分组管理制）

생산유격대（生产游击队）

---

① 朝鲜称为文化语。

教育文化领域：독서행군（读书行军）
　　　　　　　면비교육（义务教育）
　　　　　　　선전교양（宣传教育）
　　　　　　　인민배우（人民演员）
　　　　　　　학생문화위생근위대（学生文化卫生近卫队）
衣食住领域：　량권（粮票）
　　　　　　　밥공장（饭厂——用工业的方法生产以米饭为主的主食品的工厂）
　　　　　　　영양제식당（保健食堂）
　　　　　　　줴기밥（菜饭团子）
　　　　　　　타개쌀（玉米碴子，米碴子）
　　　　　　　탑식살림집（塔式楼住宅）
　　　　　　　해바라기옷（上下相连，没有袖的儿童夏装）

2. 仅在韩国语中使用的单词：

야대여소（在野党人数多，执政党人数少）

문민정부（文民政府）

물류（物流）

부가가치（附加价值）

상장회사（上市公司）

수능시험（高考）

중계소（中转站，转播站）

(七) 外来语 (외래어)

1. 外来语第一个字母标记法的差异

南北双方外来语第一个字母的标记有很大差异。朝鲜语第一个字母多用紧音（된소리）"ㅃ,ㄸ,ㄲ,ㅆ,ㅉ"，而韩国语第一个字母则多用送气音（거센소리）"ㅍ,ㅌ,ㅋ,ㅊ"。这是朝鲜语受俄语影响较多，而韩国语受英语影响较多的缘故。如：

韩国语	朝鲜语
프로그램（节目/程序）	쁘로그마
탱크（坦克）	땅크
콤바인（联合收割机）	꼼바인
소시지（香肠）	쏘세지
테마（主题）	쩨마

2. 元音的差异

韩国语在标记外来语时，多用元音"ㅓ"，而朝鲜多用"ㅏ"和"ㅗ"。如：

韩国语	朝鲜语
레이저	레이자（激光）
콘베이어	콘베아（传送带）

3. 最后一个音节的差异

对外来语单词的最后一个字母，韩国语多处理为收音，而朝鲜语则与元音"ㅡ"结合形成新的音节。如：

韩国语	朝鲜语
로봇	로보트（机器人）

블록   블로크（圈儿）

4. 口盖音化的产生

朝鲜语在标记外来语时，出现了过多的口盖音化(구개음화)，即腭化，而韩国语则没有。如：

韩国语	朝鲜语
딜레마	지렌마（进退两难）
디스토마	지스토마（吸血虫病）

5. 外国地名标记的差异

在外国地名的标记法上，南北也有许多差异，韩国语多用松音和送气音，朝鲜语多用紧音。 如：

韩国语	朝鲜语
베트남	윁남（越南）
터키	뛰르끼예（土耳其）

六、语　法（문법）

南北间虽然语言各方面有较多差异，但语法方面的变化比较少，现将变化部分举例说明。

（一）关于"-이오,-아니오,-시오"

韩国语拼写为"오"，实际发[요]音，但在连接词尾"이다"后拼写为"요"，朝鲜则全部拼写为"요"。

韩国语: 내집이오, 사실이 아니오, 이리 오시오
　　　　이것은 연필이요, 저깃은 만넌필이오
朝鲜语: 내집이요, 사실이 아니요, 이리 오시요
　　　　이것은 연필이요, 저것은 만년필이요

（二）关于词尾 "-아/-어,-았-/-었-" 与 "-여,-였"

在韩国语中，无收音的元音 "ㅣ,ㅐ,ㅔ,ㅚ,ㄱ,ㅢ" 后，一般采用 "어,었" 形式，而朝鲜采用 "여,였" 形式。如：

韩国语: 피어,개어,베어,되어,피었다,개었다,벴다,되었다
朝鲜语: 피여,개여,베여,되여,피였다,개였다,벴다,되였다

（三）韩国语写作 "-ㄹ까, -ㄹ꼬, -ㄹ쏘냐" 的词尾，朝鲜语
　　　写作 "-ㄹ가, -ㄹ고, -ㄹ소냐"

如：

韩国语	朝鲜语
학교로 갈까	학교로 갈가
삼천리강산 좋을 씨고	삼천리강산 좋을시고

七、语言政策比较（언어정책비교）

南北分裂以后，韩国语保留了汉字词并引进了大量的外来语，而朝鲜则实施 "语言推敲运动（말 다듬기 운동）"。因而，南北

语言差异越来越大。1933 年《韩文拼写法统一案》发表了。1948年以后，韩国不断研究语言的变化，并整理已经变化的词汇、发音等，1988 年经修改过的《韩文拼写法及标准发音法》面世。

韩国语的语言政策是大量引进外来语。一方面作为在文化共同体内生活的地球村的一员，使语言更加丰富是件好事，但另一方面由于其整理工作滞后，也受到了类似"外来语泛滥"这样的批评。

朝鲜语言政策的特点是单一性、革命性。在朝鲜，直到 1945 年解放后一直使用 1933 年的《统一案》。自 1949 年开始，为了扫盲和迅速普及社会主义教育，实行了废除汉字、只用固有民族语言的政策。至 1954 年，虽制定了《朝鲜语拼写法》，但正式的语言政策是从 1966 年《朝鲜语规范集》开始的。它创制了与韩国"标准语"相区别的"文化语"。从此，通过"语言推敲运动"，把汉字词、外来语转变成固有词，方言也被有选择地列入文化语，地名和人名转换为固有词的工作一直持续到今天。

第八章　文字论（문자론）

　　文字是记录语言的一套符号系统，它在语言的基础上产生，是语言发展到一定阶段的产物。本章将对文字的产生及发展过程进行简要概述，并将对韩文的产生、发展及韩文文字系统的特点进行较详尽的介绍。

一、文字的定义（문자의 개념）

　　"文字"一词有两个意思，一是指一个个的字，一是指记录语言的文字符号的体系。本章所讲的文字，指的是后者。"言者意之声，书者言之记。"（《〈书·序〉正义》）这句话说明了语言和文字的关系，也说明了文字的性质。文字是为了记录语言而发明的一种书写符号系统，在语言的基础上产生，是"言之记"。

二、文字的发展过程（문자의 발전과정）

　　文字是社会发展到一定阶段的产物。原始社会时期，人群、部落之间交流较少，有声语言已能满足需要。后来，随着社会生产的发展，人们的社会交际日趋频繁，而有声语言一发即逝，既不能传诸远方，亦不能留诸异日，用它作为传递思想信息的惟一手段，已越来越不能满足需要了。经过古人长时间的摸索和努力，逐渐产生了一套记录语言信息的符号系统，这就是文字。文字是在语言的基础上产生的，没有语言就没有文字。语言（即有声语言）的产生，是人类从动物界分化出来的标志；而文字（即书面语言）的产生，则是人类由蒙昧进入文明的标志。

（一）记忆信息传递时代（기억 보조시대）

　　据考古的新发现，早在原始社会末期就已经出现了原始的文字。在古代，随着生产的发展和社会生活的复杂化，人们（特别是氏族或部落的领袖和长老们）需要记载本部落或本氏族的人口、财产、对外战争的情况，以及内部发生的大事等等，以帮助记忆。经过长期的摸索，人们终于找到了记事的方法。主要有两种：一种是用实物记事，一种是用图画记事。

　　比较普遍的实物记事的办法是结绳，秘鲁人、琉球人、中国台湾的少数民族都采用过这种方法。讯木也是一种记事的方法，就是在一根木棒上刻上各种花纹或插进各种标志，用来帮助记忆和传达命令。结绳、刻契用以记事的方法几乎遍及各个大陆，无论是开化较早的尼罗河流域、底格里斯河和幼发拉底河流域、恒河流域、黄河流域的居民,还是开化较晚的印第安人、爱斯基摩人、非洲土人、澳大利亚土人,在同一历史发展阶段,都进行过类似的探索和试验。

实物记事的方式很多,现在一些没有文字的民族还保留着这种做法。我国的瑶族曾经用禾秆记录一年的收成,用木板刻点和玉米来记工分。云南陇川县的景颇族有一种以实物代替信息的习惯。假如小伙子爱上了一个姑娘,他就用树叶包上树根、大蒜、辣椒、火柴梗,再用线精巧地缝好送给女方。树根表示想念,大蒜表示要姑娘考虑两人的事,辣椒代表炽热的爱,火柴梗表示男方态度坚决,叶子表示有好多话要说。女方收到以后,如果同意,即将原物退回。如果不同意,便在原物上附加火炭,表示反感。如果还要考虑,便加上奶浆菜。这些都是今天还在使用的实物记事、传递信息的具体例子。用实物传递信息和结绳刻契有相同的一面,这就是它只有提示的、帮助记忆的作用,却不能准确地记录语言信息。

(二) 图画文字时代 (그림 문자시대)

将图画用于传递信息是文字的源头。实物传事的缺点是人所共见的,如:需要随时传递的消息很多,人们却不可能事先准备好传递信息时用得着的各种实物;有些实物虽然存在,可是无法准备和出示,比如传达的信息若涉及狮、象、虎、豹,就无法将这些猛兽驱赶来,涉及大山大海也无法去移山倒海;需传达的信息会涉及人世间的种种关系、种种行为、种种情感、意念,这更是无物可像、无法出示的。人们能否克服其先天的局限性呢?

从考古发现里,从各种人类学的记载里我们知道,远在约两万年前的旧石器时代的中晚期,古人类就有了绘画的能力。考古学家在法国的拉科斯洞、西班牙的阿尔塔米拉洞的深处就发现了生动逼真的动物形象,有飞奔的马、受惊的鹿、狂怒的野猪、庞大的猛犸,其成就令现代画家惊叹。类似的岩画在非洲、澳大利亚等地也有发现,图像大都和狩猎时猎取的对象有关,说明这是人类在以狩猎为生的阶段的产物。这些绘画显然不是为了消遣、欣赏而画的,当时的人类不会有这种闲情逸致;它们的出现,必然和促进狩猎有着某种关系。

既然旧石器时代的人类能刻画出如此逼真的图画,新石器时代的人类为什么不能将这种绘画的能力用到传递信息上去呢?这不是推测,这是已为人类学、民族学所证明的事实。不论是在美洲、非洲、抑或是在澳大利亚,甚至是在北极地带、被发现前尚处于新石器时代的原始民族,均相当普遍地使用着以简略的图画来传达信息的方法,这种用于通信和备忘的图像,学者称之为"图画文字"。图画文字是新石器时代的史前文字。

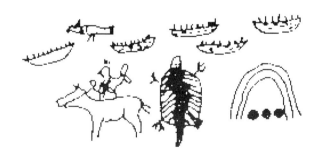

上图是著名的北美印第安人的记事——《大湖石画》。《大湖石画》刻在苏必利尔湖岩石上，记载的是一次渡河远征。船上的竖画代表水手和战士，水老鹳和乌龟代表参战的部落，弧形下的三个圆圈表示航程为三天，骑马的酋长是这次远征的领导人和胜利者。

（三）象形文字时代 (상형 문자시대)

有史以来的各种文字都和图画文字有着某种亲缘关系。原始记事方法与文字尽管有着如此重大的区别，但在历史的进程中，它们却有着血缘关系——早期的象形表意文字是由原始记事方法（尤其是契刻和图画）蜕变出来的。原始记事方法在"寓意于形"这点上给象形表意文字奠定了基础，同时也提供了形态上、线条上的素材。在契刻和图画的基础上，经过简化、抽象化和系统化，使之代表一定的语音和语义，便成为早期的文字。早期文字的形态与图画、契刻的确相当接近，查查文字家谱就可以看出，世界上有史以来最古老的文字，比如埃及的圣书字，苏丹的楔形文字，克里特岛的象形字，中国的汉字等都源于史前的图画文字。把图画文字中已经大大简略了的图形和语言里的词结合起来，让固定的图标志固定的词；改变以事件的进程为次序的连环画式的方法，用语法次序来组织图形，使图画文字由提示语言，由与语言中的词、语法关系游离到和语言一致，这样就产生了象形文字，即记录语言而不是提示语言的文字。如：

1. 埃及圣书字：
① 太阳 ② 燕子 ③ 战士 ④ 走 ⑤ 飞 ⑥ 眼睛 ⑦ 哭

2. 玛雅文：
① 金字塔　　　　　② 美洲豹　　　　　③ 啄木鸟

现在世界上有成百种的文字，这些文字在形式上各有特点。但追溯它们的来源，绝大多数是几种古老的象形文字的后裔。

（四）表意文字时代（표의 문자시대）

一个词只用一个符号表示，而这个符号不取决于词赖以构成的声音。这个符号和整个词发生关系，因此也就间接地和它所表达的观念发生关系。这种体系的典范例子就是汉字。中国文字制字原理"六书"，即：象形、指事、会意、形声、转注、假借。

1. **象形（상형）**：根据物体的形状或特征，用简单的线条画出来而形成的文字（사물의 형태를 본떠서 구체적인 개념을 나타내는 문자），是具体的物象。

如："日"은 태양의 모양을 본떠서 만든 문자이고, "山"은 산의 모양을 본떠서 만든 문자이며, "木"은 나무의 모양을 본떠서 만든 문자이다.

"日"是模仿太阳的样子而创制的文字，"山"是模仿山的样子而制造的文字，"木"是模仿树的样子而创制的文字。

2. **指事（지사）**：对象为事或无具体形象可画，或不便以具体形画出，便以抽象之形符画出，或在象形字上附加指事符号以表示

抽象的事物（형태를 그릴 수 없는 추상 개념을 지시하는 문자）。

如：“本”은 “木” 밑에 “一”을 그어 “근본”을 뜻하는 문자이다.

“本”是在“木”字下加“一”意为“根本”。

3. **会意（회의）**：把两个或两个以上的字放在一起，使它成为一个新字，并且产生一个新的意思, 即形符加形符而生成的字（두 문자의 뜻을 합쳐 새로운 뜻을 나타내는 문자）。

如：“明”은 “日”과 “月”이 합쳐져 “밝다”를 뜻하고, “林”은 “木”과 “木”이 합쳐서 “숲”을 뜻하는 것이 그 보기에 해당한다.

“明”是“日”和“月”合在一起意为“明亮”，“林”为“木”和“木”合在一起, 意为“树林”。

4. **形声（형성）**：由于声音先于文字，故应用象形、指事、会意等方法造不出字时，便由声音着手而生成了形声字。即形符加声符而产生的字。依字形大致可以分为六类：左形右声、右形左声、上形下声、下形上声、外形内声、内形外声（한 문자에서 소리를, 한 문자에서 뜻을 취하여 이루어진 문자）。

如：“江”의 “氵（水的变形）”는 훈(訓)을, “工”은 음(音)을 취한 것이다. “聞”의 “耳”는 훈을, “門”은 음을 취한 것이다.

“江”的“氵”表意，“工”表音；“闻”的“耳”表意，“门”

表音。

5. 转注（전주）：就是互训，即意义上相同或相近的字彼此相互解释。(전주가 바로 호훈이다. 즉 의미가 같거나 비슷한 글자는 서로 호환해서 해석해 주는 것이다.)

如："老"자의 해석이 "考"이고 "考"자의 해석이 "老"일 경우에 "考"자로 "老"자를 해석하는 것을 "전주"라고 한다.

"老"字的解释是"考也"，"考"字的解释是"老也"，以"考"注"老"，以"老"注"考"叫转注。

6. 假借（가차）：假借者，本无其字，依声托事。(가차란 본래 그 글자가 없어서 말소리를 빌려서 사물을 가리키는 것이다.)

如：모피의 뜻을 나타내는 '裘'자를 빌려서 청구의 뜻을 나타내는 '求'자를 쓰는 것이다.

借当毛皮讲的"裘"作请求的"求"。

（五）表音文字时代（표음 문자시대）

1. 音节文字（음절문자）

一个字母代表一个音，和语音完全无关，而这个音的单位是一个音节。日语假名即为典型的音节文字。

2. 字母文字（자모문자）

字母文字的单位只是一个音素，而其单词便是由一个或数个音素组合而成的，如英文的字母以及韩文的 14 个辅音、10 个元音就是音素。

三、韩国的文字 (한국의 문자)

（一）古代文字 (고대 문자)

1. 三皇内文文字（삼황내문 문자）

所谓"三皇内文文字"，该名称来自中国古籍《抱朴子（포박자）》中的记载："黄帝（中国传说中的古代帝王）东行至东丘，路过风山，遇紫府先生，取三皇内文。"

另有古书记载：黄帝时代，仓颉（창힐）观鸟兽足印形状创制了文字，黄帝将此种文字引入朝鲜，是谓三皇内文。

三皇内文证明了朝鲜古代有文字存在的事实。

2. 王文文字（왕문 문자）

《柳文化谱（류문화보）》是用王文文字写成的，其字形既像篆书又像符咒上的字体。这里的"王文"，一说为古朝鲜时期的人名；一说并非指人，其意为"大王的文字"。另外，有史书记载的还有神志文字（신지 글자），南海岛石刻文文字（남해도석 각문 글자）和耽罗、百济的文字（탐라 백제의 글자）。这些记载说明在韩文创制以前韩民族的祖先可能有其固有文字。

（二）汉字时代 (한자 시대)

谈及韩国的文字生活就不能不提及汉字。在韩文创制之前，一直将汉字作为韩国语的标记手段，国家法令的颁布也均采用汉字，大量借用来的汉字在今天的韩国语词汇中仍占相当大的比重。人名、学校名称、政府机关名称等专有名词均使用汉字标记。汉字的使用在 20 世纪 60 年代以后虽有减少的趋势,但汉字在韩国的文字生活中所起的作用仍是不可小视的。本节将对在历史上汉字对韩国的文字生活所产生的影响进行简要的阐述。

1. 誓记式标记法(서기식 표기법)

誓记式是最早将汉字用来表记韩国语文章的。主要是指出现在誓记石上的文体,是将汉字以韩国语的语序排列组合而成的标记法。又称"俗汉文",下面举一个例子:

清秋　　　　　　　　(청추)

清好日新康氣流　　이렇게 좋은 날은 몸에서 새 힘이 솟아 나고
讀書三昧不知愁　　책읽기에 빠져서 외로움을 알지 못하네
西山月掛飛鴻雁　　서산에 달 오르니 기러기 높이 날고
誰覺餘存滿袖憂　　나의 소매 끝의 근심을 누가 알리오

以誓记体标记的文献中比较有代表性的就是《壬申誓记石》(임신서기석)。壬申誓记石是于 1940 年 5 月在庆尚北道庆州郡见谷面(경상북도 경주군 견곡면)出土的金石文(금석문),又称《壬申盟誓石》(임신맹세석)。其记载如下:

壬申年六月十六日　二人并誓記　天前誓　今自三年以後　忠道執持　過失无誓　若此事失　天大罪得誓　若國不安大亂世　可容行誓之　又別先辛未年七月廿二日大誓　詩尚書禮傳倫得誓三年

(임신년 유월 십육일에 두 사람이 함께 맹세하여 기록한 다. 하늘 앞에 맹세한다. 지금부터 3 년 이후에 충도를 집지하고

과실이 없도록 맹세한다. 만일 이 일을 잃으면 하늘에 큰 죄를 얻을 것이라고 맹세한다. 만약 나라가 편안치 않고 크게 세상이 어지러우면 가히 모름지기 충 도를 행할 것을 맹세한다. 또 따로 앞서 신미년 칠월이 십이일에 크게 맹세하였다. 즉, 시, 상서, 예기, 좌전을 차례로 습득하기를 맹세하되 삼년으로써 하였다.

如果用汉语语序重构此文，大致为：壬申年六月十六日，二人盟记誓，誓（于）天前，自今三年以后，执持忠道，誓无过失。若失此事，誓得大罪（于）天。若国不安大乱世，誓之可容行。又别先辛未年七月廿二日大誓，誓三年得论诗·书·礼·传。

2. 乡札式标记法 （향찰식 표기법）

乡札标记法是标记乡歌时使用的借字标记法。在叙述时，语序是韩国语的语序，只是体词、谓词词干、副词、感叹词等实词主要借助汉字的意思来标记；而表语法功能的虚词即助词、词尾等则借助汉字的音来表示。以现存乡歌中的《处容歌》（<처용가>）为例，说明如下：

東京明期月良	徐伐明月夜（徐伐，新罗古称）
夜入伊遊行如可	夜游迟迟归
入良沙寢矣見昆	入室手一探
脚烏伊四是良羅	赫然四条腿
二肹隱吾下於叱古	二条属内人
二肹隱誰支下焉古	二条又属谁
本矣吾下是如馬於隱	本应是吾腿
奪叱良乙何如爲理古	奈何夺吾位

以上这首脍炙人口的《处容歌》是依据乡札标记法的原文记录，取之《三国遗事》卷之中。为了便于读者理解，我们将这首乡歌以诗文形式进行对译。

第一句的"東京、明、月"，第二句的"夜、入、遊、行、如"，第三句的"入、寢、見"，第四句的"脚、四、是"，第五句的"二、吾"，第六句的"二、誰"，第七句的"本、吾、是、如"，第八句的"奪、何、如、爲"是借汉字的字意来标记的。而第一句的"期、良"，第二句的"伊、可"，第三句的"良、沙、矣、昆"，第四句的"烏、伊、是、羅"，第五句的"肹、隐、下、於、古"，第六句的"肹、隱、支、下、焉、古"，第七句的"矣、下、馬、于、隱"，第八句中的"良、乙、理、古"等则是借汉字的音来标记的。

3. 口诀式标记法（구결식 표기법）

所谓"口诀"，就是韩国语的助词、词尾，称其为"吐（토）"。比如说汉语的"回家吧。"，若用口诀式标记法来标记的话即为"家에 走자"，句中的"에""자"即为"口诀"。如果说在乡札标记法中，韩国语的特质通过汉字充分地表现出来的话，那么，时至后代却又萎缩了。像口诀，完全是汉文句子，只有中间的一些虚词才借用汉字的音或意来补充。

天地之間萬物之中厓　唯人伊　最貴爲尼

所貴乎人者隱　以其有五倫也羅

其中"厓"（애）、"伊"（이）、"爲尼"（하니）、"隱"（는）、"羅"（라）等就是所谓的"吐"（토，助词），去掉这些"口诀"可以清楚地看到句子的表现方式完全是汉语。所以，很

多韩国学者都认为"口诀"只不过是在阅读汉文上扮演着一种辅助性的角色。下图所列为常用的"吐":

하	야	고	며	니	이	라	노	다
爲(爲)	也	古	旀	尼	是	羅(㖃)	奴	多
ㆍ	ㄱ	口	尔	匕	乀	厶	又	夕
면	어(러)	을(를)	나	은	오	리	도	든
面	於	乙	那	溫	五(午)	日(里)	刀	等
丁	才	乙	月	昷	五午	日里	刀	小
애	은(는)	시	호	여	와	아	사	거
厓	隱	時	乎	如	臥	牙	士	去
厂	阝(ㄱ)	寸	宀	女	卜	丷	丨	厶
저	달	커	대	저	가(더)	잇가	잇고	러
底	月	巨	大(代)	可	加	叱可	叱古	驢(驢)
广	月	巨	大 弋	可	力	叱可	叱口	戶
				한자박사 제공				

4. 吏读式标记法（이두식 표기법）

"吏读"是按照韩国语的语序记录，实词以汉字书写，只有词尾和助词等虚词借汉字的音和意来标记的标记法。吏读文又称"吏书""吏道""吏吐"，文体比较实用，主要在新罗时期至19世纪末使用。下面是《薯童谣》（<서동요>）的原文、当时的韩

文表述、汉语译文及现代韩国语解释：

原文：善花公主主隱
　　　他密只嫁良置古
　　　薯童房乙
　　　夜矣卯乙抱遣去如

韩文：늄그으지 얼어두고
　　　맛등반고
　　　바이믈안고가다

汉语译文：善花美公主
　　　　　偷偷嫁了人
　　　　　每当夜深沉
　　　　　搂着薯童寝

现代韩国语：선화공주님은
　　　　　　남 몰래 짝 맞추어 두고
　　　　　　서동방을
　　　　　　밤에 몰래 안고 간다

再看《大明律直解》中的一段文字：

a. 凡奕碁以錢物乙賭取為在乙良　杖八十齊，排置錢物乙沒官齊，主人以開場為在乙良　罪同齊，唯知現捉為在乙用良　坐罪為乎矣，職官是去等加一等齊，飲食以賭取為在隱勿論為乎事〈大明律直解，26：1〉

b. 凡賭博財物者皆杖八十，攤場錢物入官，其開場賭坊之人同罪，止舉見發為坐，職官加一等若賭飲食者勿論〈大明律直解，

26：1〉

c. 무릇 재물을 걸고 도박한 사람은 모두 80 번의 장형(杖刑)에 처하고, 노름판의 돈과 물품은 관에 몰수한다. 노름판을 개설한 자도 죄가 같다. 다만 도박 현장을 발견한 경우에 한한다. 관직이 있는 자는 죄 1 등을 가중한다. 만약, 음식내기를 한 자는 불문에 붙인다.

上面 a 为吏读的原文，b 为汉文的原文，c 为现代韩国语的解释。

（三）韩文时代（한글시대）

1. 韩文字母（한글 자모）

韩文字母分为元音字母和辅音字母，具体如下（排序依据《国语辞典》中字母的排列顺序）：

基本元音:	ㅏ ㅑ ㅓ ㅕ ㅗ ㅛ ㅜ ㅠ ㅡ ㅣ
(이름):	아 야 어 여 오 요 우 유 으 이
复合元音:	ㅐ ㅒ ㅔ ㅖ ㅘ ㅙ ㅚ ㅝ ㅞ ㅟ ㅢ
(이름):	애 얘 에 예 와 왜 외 워 웨 위 의
基本辅音:	ㄱ ㄴ ㄷ ㄹ ㅁ ㅂ ㅅ
(이름):	기역 니은 디읃 리을 미음 비읍 시옷
	ㅇ ㅈ ㅊ ㅋ ㅌ ㅍ ㅎ
	이응 지읒 치읓 키읔 티읕 피읖 히읗
复合辅音:	ㄲ ㄸ ㅃ ㅆ ㅉ
(이름):	쌍기역 쌍디읃 쌍비읍 쌍시옷 쌍지읒

2. 韩文的历史（한글의 역사）

关于韩文的诞生，其历史记录具体且详尽。《世宗实录（세종

실록)》一〇二卷中世宗二十五年十二月条中记载:"是月 上亲制谚文二十八字……是谓训民正音(이 달에 임금께서 친히 언문 28자를 지으셨다.…이를 훈민정음이라 부른다)。"这里需要说明的是,其中的辅音"ㆁ、ㆆ、ㅿ"和元音"ㆍ"在韩文发展演化的过程中逐渐消失,到今天还在使用的只有其中的 24 个音了。

现在韩国学界通常认为《训民正音》创制于世宗二十五年十二月。此处所谓的十二月是阴历的十二月,这便从 1443 年跨至 1444 年了。

记录中指出韩文的创制者是世宗大王(세종대왕),但综合当时的文献记载来看,准确的说法应该是,世宗集合了郑麟趾(정인지)、申叔舟(신숙주)、成三问(성삼문)等集贤殿(집현전)学士创制了韩文。

韩文当时的名称是"训民正音(훈민정음)"。从名称便可以看出,韩文不仅是为那些精通汉文的文人创制的,更重要的是为普通百姓参与文字生活提供了便利与可能。记载中的原文用了"谚文(언문)"这个词,是为了与"汉文(한문)"相区别,表明是自己民族所特有的。但到了后来,比起"谚文","训民正音"或"正音"的叫法更为普遍。进入 20 世纪,"韩文"这个名称才开始使用,第一次使用是在 1913 年,初次见于报端是在 1927 年。现在,韩国的叫法是"韩文(한글)",朝鲜的叫法是"朝鲜文(조선글)"。

3. 创制原理(창제 원리)

《训民正音》中作者倾注心血最多的一部分便是第一部分——制字解(即韩文的创制原理)。本节主要是从语言学的层面对韩文的创制原理进行简要的介绍。

韩文的 28 个字母并不是一个个生造出来的,而是以几个基本字作为基础,其他字母由此派生而来。其中 17 个辅音是由 5 个基本辅音派生而来的,这 5 个基本辅音都是模仿人的发音器官形状创制的,具体说明如下:

牙音ㄱ,像舌根闭喉之形(아음 ㄱ은 혀뿌리가 목구멍을 막는 모양을 본떴다)。

舌音ㄴ,像舌附上腭之形(설음 ㄴ은 혀가 윗잇몸에 닿는 모양을 본떴다)。

唇音ㅁ,像口形(순음 ㅁ은 입모양을 본떴다)。

齿音ㅅ,像齿形(치음 ㅅ은 이의 모양을 본떴다)。

喉音ㅇ,像喉形(후음 ㅇ은 목구멍 모양을 본떴다)。

其余 12 个辅音是在基本辅音上各加一画或几画创制而成的,具体过程如图所示:

ㄱ━━━━━━━ㅋ
ㅁ━━━━━━━ㅂ━━━━━━━ㅍ
ㄴ━━━━━━━ㄷ━━━━━━━ㅌ(ㄷ━━━━━━━ㄹ)
ㅅ━━━━━━━ㅈ━━━━━━━ㅊ(ㅅ━━━━━━━ㅿ)
ㅇ━━━━━━━ㆆ━━━━━━━ㅎ(ㅇ━━━━━━━ㆁ)

关于这部分的创制原理,《训民正音》中的叙述如下:"ㅋ比ㄱ,聲出稍厲,故加畫,ㄴ而ㄷ,ㄷ而ㅌ,ㅁ而ㅂ,ㅂ而ㅍ,ㅅ而ㅈ,ㅈ而ㅊ,ㅇ而ㆆ,ㆆ 而ㅎ,其因聲而加畫之意皆同。而唯ㆁ為異,半舌音ㄹ,半齒音ㅿ,亦像舌齒之形而異其體,無加畫之意焉。"

通过这种方法派生出的辅音与其相对应的基本辅音的属性是一致的，比如"ㄱ"与"ㅋ"都是牙音，"ㅁ"与"ㅂ"及"ㅍ"都是唇音，添加笔画后发音加强。但字母"ㅇ"是一个例外，它是牙音，但并不是由字母"ㄱ"派生而来的，而是由喉音"ㅇ"添加笔画而来。其原因是两者发音极为相似，不久，两者字形上的细微差别消失了，用作辅音时只占据位置而不发音，用作收音时发[ŋ]的音。一个字母因位置不同而发音迥异的特殊现象是字母历史发展的产物。

11个元音字母是由3个基本元音字母组合而成的。3个基本字母为"·，一，ㅣ"，其创制原理的具体说明如下：

·：形之圆，像乎天也（모양이 둥근 것은 하늘을 본뜬 것이다）。

一：形之平，像乎地也（모양이 수평으로 평평한 것은 땅을 본뜬 것이다）。

ㅣ：形之立，像乎人也（모양이 곧게 선 것은 사람을 본뜬 것이다）。

这3个基本元音是模仿天、地、人（천，지，인）的形象创制而成的，将其加以组合便构成了其他8个元音。

除了以上介绍的28个字母之外，还存在像"ㄲ，ㄸ，ㅃ，ㅆ，ㅉ"这样将同样的两个字母合写在一起的情况，称为"各自并书"（각자병서）。这时，字母的发音相应加强，成为紧音（된소리）。元音中除了此11个字母之外，还有其他一些元音字母，它们是根据

发音将 11 个元音字母中的 2 至 3 个字母综合后创制而成的。将它们分类列出（此时，元音字母"·"已消失，基本上与现行字母趋同）如下：

 a. ㅘ, ㅝ

 b. ㅣ, ㅢ, ㅚ, ㅐ, ㅟ, ㅔ, ㅒ, ㅖ

 c. ㅙ, ㅞ

综上所述，韩文的创制原理总体来说有两点。一是字体外观上模仿发音器官及"天、地、人"的形象制成。二是这 28 个字母的创制并非各有渊源，而是一个相互有着千丝万缕联系且组织性极强的统一体，是先制成几个基本字母，再由此演绎出其他字母。

韩文的字母是方块字，这也印证了韩文制字的过程中受到了汉字造字方法——六书的影响。当然，这并不会减弱韩文的科学性和独创性。

4. 韩文的特征（한글의 특징）

从上一部分"韩文创制原理"便可以看出韩文字体在构造上有其特点。

第一，系统性。韩语的辅音或元音都是先创制基本字，再由这些基本字衍生出其他字。字母间有着千丝万缕的亲缘关系，是一个结构严谨的系统。

第二，科学性。前面对韩文的组织性作了表述，以这样的理论（如：加画）来创制文字是相当科学的。

第三，独创性。韩文并非像其他有些国家是自古即有的文字慢慢演变成目前的新文字，它是突然在某一个时代被创制出来的。这可以说是它一个与众不同的特性，可谓独创性。

　　此外，韩文的另一个重要特征是合写（모아쓰기）。就是将字母以音节（음절）为单位进行组合，从而成为一个个的字。它的组合方式也是有规律可循的，即初声（辅音）+中声（元音）+终声（辅音）。如"训民"在标记时如果记为"ㅎㅜㄴㅁㅣㄴ"便不如记为"훈민"便于理解。这种表记方法也解决了字母排列顺序的问题和收音（받침）问题。

第九章　韩国语系统论（한국어 계통론）

韩国语是什么时候产生的，又是如何发展的？今天我们所说的韩国语的祖语到底是哪一种语言？从同一祖语中分离出来和韩国语有亲族关系的是哪些语言？在追溯韩国语历史并探究这些问题的时候，我们就不得不提到韩国语的系统问题。

一、全世界的语言系统（세계의 언어계통）

（一）全世界的语系（세계의 어계）

彼此有亲缘关系的语言的集合叫"语系"，它们是由一个母语分化出来的几种语言所组成的语言亲族。例如，原始印欧语就是拉丁语、日耳曼语和斯拉夫语等的来源。由一种母语发展而来的语系中，有些语言可以再分化为几种不同的语言，如拉丁语分化为法语、西班牙语、意大利语等。这些语言所组成的群体叫"语族"，如日耳曼语族、斯拉夫语族等。如果一个语族中某种语言可以继续分化为几种不同的语言，那么由这些语言所组成的群体就叫"语支"，如日耳曼语族中的北部日耳曼语支、东部日耳曼语支、西部日耳曼语支等。

世界上究竟有多少种语言，并没有非常准确统一的数字，有些

西方学者估计世界语言约有四千至八千种,韩国学者朴甲洙(박갑수)认为有 6000 种,闵贤植(민현식)认为世界上的语言有 6528 种,德国出版的《语言学及语言交际工具手册》说现在世界已查明的语言有 5651 种,中国语言学家王德春在《语言学概论》中提到有 2800 种左右,一般认为现在使用的语言在三四千左右。其中,70％的语言没有文字,语言学家研究过的语言有 500 种左右。

世界上的语言如此繁多,它们之间有没有关系?19 世纪的比较语言学派研究了各种语言,发现了有些语言的某些语音、词汇和语法规则之间有对应关系,有相似之处,便把这些语言归为一类,称为同族语言,由于有的语族与语族之间又有些对应关系,归结在一起,称为同系语言。现在世界上的主要语系有:

1. **印欧语系(인도·유럽 어족)** 这是最大的语系,下分印度语族(인도 어군)、伊朗语族(이란 어군)、日耳曼语族(게르만 어군)、拉丁语族(라틴어군)等。印度语族包括梵语(산스크리트)等。伊朗语族包括波斯语(페르시아어)、塔吉克语(타지크어)、阿富汗语(아프가니스탄어)、巴基斯坦语(파키스탄 어)等。拉丁语族包括法语(프랑스어)、意大利语(이탈리아어)、西班牙语(스페인어)和罗马尼亚语(루마니아어)等。日耳曼语族包括英语(영어)、德语(독일어)和荷兰语(네덜란드어)等。

2. **汉藏语系(중국·티베트 어족)** 包括汉语(중국어)和缅甸语(미얀마어)、老挝语(라오스어)、藏语(티베트어)等。

3. **阿尔泰语系(알타이 어족)** 分为突厥语族(터키어군)、蒙古语族(몽고어군)和通古斯语族(퉁구스어군)。突厥语族包

拈土耳其语（터키어）、土库曼语（두르크메어）等。蒙古语族包括蒙古语（몽고어）、布里亚特语（부리야트어）等。通古斯语族括通古斯语（퉁구스어）、满语（만주어）。

4. **闪含语系（셈·햄 어족）**　又称亚非语系（아시아 아프리카 어족），下分闪语族（셈 어군）和含语族（햄 어군）。前者包括希伯来语（히브리어）、阿拉伯语（아랍어）等。后者包括古埃及语（고대이집트어）、豪萨语（하우사어）等。

5. **高加索语系（코카시아 어족）**　这一语系的语言大多分布在高加索一带，主要的语言有格鲁吉亚语（그루지아어）等。

6. **乌拉尔语系（우랄 어족）**　下分芬兰语族（핀란드어군）和乌戈尔语族（우글어어군）。前者包括芬兰语（핀란드어）、爱沙尼亚语（에스토니아어），后者包括匈牙利语（헝가리어）等。

7. **德拉维达语系（드라비다 어족）**　印度南部的语言都属于这一语系。

其他还有南岛语系，尼日尔—科尔多凡语系等。

世界上有些语言从谱系上看，并不属于任何语系，例如欧洲法国与西班牙边境处的巴斯克族讲的巴斯克语（바스커어）、克什米尔（캐시미르）地区的布鲁沙斯基语（부르사스키어）等，关于它们的归属问题语言学家们还没有最终定论。

（二）语言的类型（언어의 유형）

从形态结构入手可把语言分为孤立语（고립어）、黏着语（교착어）和屈折语（굴절어）。

1. **孤立语（고립어）** 又称为离合型语言。其特点是没有或极少有形态变化，句法结构主要靠语序和虚词来表示，汉语（중국어）、越南语（베트남어）等是其典型代表。

2. **黏着语（교착어）** 又称为黏合型语言。其特点是往往在一个词根或词干前后（尤其是后面）使用多个表示语法意义的接头词或接尾词，每个接头词或接尾词只表示一个语法意义（每个语法意义也只能用一个接头词或接尾词表示），接头词或接尾词与词根之间，以及每个接头词或接尾词之间都有明显的界线，它们是按表达需要一个一个"粘"上去的。韩国语（한국어）就是一种典型的黏着语。

3. **屈折语（굴절어）** 又称为熔合型语言。其特点是用形态变化表示语法意义，有时候一个语法形态和形态素是融合在一个形态素里的，即通过所谓的内部曲折来体现的。例如：come 的过去式 came 就是这样[came=come+（过去式）]，整个词形与现在式相比只是元音起了变化。英语（영어）、俄语（러시아어）、法语（프랑스어）、阿拉伯语（아라비아어）等都是典型的屈折语。

二、韩国语系属（한국어 계통）

（一）韩国语系属（한국어 계통）

目前，语言的系统分类上还存在很多问题，如各语族的古代资料非常少，各语族语言间的差异则更小，很多语言没留下什么痕迹就消失了，这给系统研究带来了一定的困难。韩国语的系统归属问题早在 19 世纪到 20 世纪期间，就曾出现过几种假说，如：韩国语属于乌拉尔—阿尔泰语系,韩国语与德拉维达语属于同一语系,与日语属于同一语系,韩国语属于印欧语系等。其中认为韩国语属于乌拉尔—阿尔泰语系以及韩国语与日语属于同一系统的见解比较引人注目,前者又分为乌拉尔语系和阿尔泰语系。到目前为止虽然还没有完全定论,但大家比较认同的说法是韩国语属于阿尔泰语系的一支。

最早将韩国语认定属于阿尔泰语系的是 20 世纪的芬兰学者兰司铁(Ramastedt,람스테트)。他认为阿尔泰语系应被分为四个分支,换句话说,韩国语是并列于其他三个分支的第四个分支。他推测认为阿尔泰语系在未分化以前的阿尔泰祖语(proto-Altaic)时期,其发源地应在兴安岭附近,之后再从此分出四种语族,而韩国语便是存在于东南方的一支。其他三支的位置分别是蒙古语—西北、突厥语—西南、通古斯语—东北,四个语支的位置分布如下图:

从以上地理关系可以推测出它们之间的亲疏关系,与韩国语相邻的通古斯语和突厥语要比相距甚远的蒙古语关系更为接近。

此后,美国学者波普(Poppe,포페)又将韩国语与阿尔泰语系的亲族关系作了更为深入的分析,认为韩国语与阿尔泰语系中的

通古斯语的关系最为接近,而且通过对韩国语与阿尔泰诸语在音韵、词汇等方面的比较认为四个语支并非同时分化下来,而是历经几个阶段。而首先脱离阿尔泰族语的便是韩国语,其次是突厥语,最后是通古斯语和蒙古语。而这样的分裂过程似乎也暗示着韩国语与其他三支阿尔泰语族的关系比其他三支与阿尔泰语系间的关系疏远,这也正是韩国语迟迟未能非常明确地被定位于阿尔泰语系中的原因之一。下图为韩国语与阿尔泰语系的关系图:

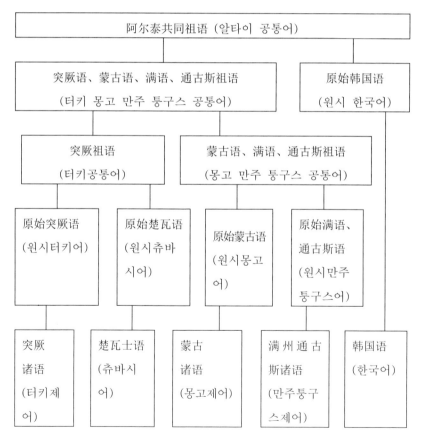

除以上两位西方学者的研究之外，李基文（이기문）、具本宽（구본관）等韩国学者也相继进行了深入的研究，得出了与西方学者基本一致的观点，总结出了阿尔泰语族的共同特点。

（二）阿尔泰语族的共同特点（알타이 어족의 공통 특징）

语言分类是有依据的，判别两种语言是否有亲族关系的方法之一便是找出两者音韵、词汇、语法等方面的共同特点。19世纪的乌拉尔—阿尔泰语族假说主要是立足于韩国语与其他阿尔泰诸语共同存在的几种显著构造特征。韩国语与其他阿尔泰语系的共同特征有：

1. 黏着语的特征。

2. 母音调和（모음조화）现象，即元音和谐律。即由两个以上的音节构成的单词中，后面音节的元音受前面音节中元音的影响变成同一元音或类似元音的现象，形成阳性元音、阴性原因之间的相互和谐。如"팔랑팔랑"，"펄렁펄렁"等。

3. 流音（유음）或子音群不能出现在首音位置，有很严格的头音法则。

4. 有副动词（부동사） 如，쓰다—쓰게等。

5. 词尾发达。

6. 主语在谓语前面，修饰语在被修饰语前面，宾语或补语在谓语前面出现。

7. 动词和名词中没有性和数的表现形式。

除了语法形态之外，音韵对应也是一个很重要的分类依据，韩国语和其他阿尔泰语系在音韵方面有很多相似之处。

1. 韩国语中的"아래"在蒙古语中是"ala（사타구니）"。
2. 中世纪韩国语"믈（水）"，在满语中是"muke"。
3. 韩国语的"발（足）"，在阿尔泰语系其他语言中是"palgan"。
4. 韩国语的"(으)로"（表方向的助词）在蒙古语中是'-ru'。

韩国语与其他阿尔泰语族中语言间虽然有重要的构造上和音韵上的共同特征，但也并不是毫无差异。如阿尔泰诸语中，名词可直接被用作主格形式，动词词干可用作命令形,而韩国语中名词只能依靠主格助词成为主语，动词词干必须添加词尾才能使用。这些差异比起它们间的共同点可以说是微乎其微，其中一些差异可能是从共同族语中分化出来后经历不同的发展道路造成的。但是，值得注意的是，阿尔泰诸语和韩国语间的这些差异要比阿尔泰诸语相互间的差异显著一些。

除此之外，能证明韩国语与阿尔泰语族亲族关系的证据还有很多。虽然这些证据在证明韩国语就是阿尔泰语系的一支时稍显不足，但是随着研究的进一步深入，这一学说或许会渐渐被证实。

（三）韩国语的演变（한국어의 변천）

韩国语从阿尔泰语族中分化出来之后，关于其演变过程有两种观点。一种是波普（Poppe、포페）提出的，他认为韩国语作为单一语言持续地延续下来；另一种说法则是李基文（이기문）教授的主张，他于 1972 年提出了自己的看法，认为早期的韩国语有南北两大系。这两大系经过7世纪新罗的统一或10世纪初的高丽建国后才

合而为一，形成单一语言的。

不管哪一种说法更为可信，在史料证据缺乏的情况下，都难以辨明孰是孰非。但一般来说，由于韩国语史料开始用文字记载始于三国时代。因此，韩国语的演变过程是从三国时代算起的，大致可分为四个时期：

1. **古代韩国语（고대 한국어）** 从三国时代开始至统一的新罗灭亡约有 1000 年。

2. **中世纪韩国语（중세 한국어）** 指 10 世纪初的高丽时代至 16 世纪末"壬辰倭乱"（1592 年）间的语言，这个时期的韩国语又可以高丽时期向李朝（조선조）的过渡时期（14 世纪）为界，划分为前期中世韩国语和后期中世韩国语。

3. **近代韩国语（근대 한국어）** 指"壬辰倭乱"（임진왜란）后到现代韩语形成前的韩国语，即从 17 世纪初到 19 世纪末的韩国语。

4. **现代韩国语（현대 한국어）** 约从 20 世纪初开始到现在的韩国语。

参考文献

韩国部分：

1. 崔明玉：《国语音韵论与资料》，太学社，1998。
2. 姜信沆：《国语学史》，普成文化社，2001。
3. 金光海，权载日，任志龙，金武林，林七星：《国语知识探求》，博而精，1999。
4. 金旭东：《修辞学是什么》，民音社，2002。
5. 金洙炯：《现代国语的音长》，图书出版社，2001。
6. 李承载，李趾扬：《韩国语与韩国文化》，新文社，1999。
7. 李大奎，《修辞学》，新求文化社，1998。
8. 李浩明：《国语音声学》，太学社，1996。
9. 李吉安：《韩国语的理解》，世宗出版社，2000。
10. 李南顺：《时制·相·叙法》，月印，1998。
11. 李益燮，蔡婉：《国语语法论讲义》，学研社，2002。
12. 李益燮：《国语学概说》，学研社，2003。
13. 李银贞：《南北语法规范之不同》，国语文化社，1992。
14. 李周行, 李石周：《国语学概论》，大韩教科书株式会社，1997。
15. 李周行：《韩国语语法的理解》，月印，2000。

16. 南起甚：《统辞论》，大学社，2002。
17. 朴甲洙：《打造我们美丽的语言》，集文堂，1999。
18. 朴宜载（郑美玲译）：《现代社会语言学》，韩信文化社，1999。
19. 权载日：《韩国语统辞论》，民音社，2000。
20. 全明宇：《新国语话法论》，太学社，1998。
21. 全洙泰，崔浩哲：《南北语言比较》，绿进出版社，1989。
22. 沈在其：《国语语法论新讲》，太学社，2000。
23. 沈在其：《国语语汇论》，集文堂，2000。
24. 徐大泉：《国语语法总整理·文法特讲》，大泉出版社，1995。
25. 许雄：《20世纪韩国语形态论》，泉文化社，1995。
26. 许雄：《国语音声学》，泉文化社，1991。
27. 于炯植：《韩国语文法论》，釜山外国语大学出版部，2003。
28. 具本宽：《韩国语概论》，集文堂，2020。
29. 李硕柱，李柱幸：《韩国语概论》，报告社，2017。
30. 苑海英：《现代韩国语概论》，韩国文化社，2021。
31. 文金铉：《通俗易懂的韩国语概论》，韩国文化社，2022。
32. 李基文：《国语史概说》，太学社，2006。

中国部分：

33. 高名凯，石安石：《语言学概论》，中华书局，1990。
34. 何立：《语言文字词典》，学苑出版社，1999。
35. 胡裕树：《现代汉语》，上海教育出版社，1990。
36. 廉光虎，池水涌：《韩国语敬语形式的研究》，辽宁民族出版社，

2003。

37. 林从纲:《韩国语词汇学》,黑龙江人民出版社,1998。
38. 罗安源:《简明现代汉语语法》,中央民族大学出版社,1996。
39. 任晓丽等:《韩国日常生活中的敬语与礼节》,民族出版社,2004。
40. 王德春,《语言学概论》,上海外语教育出版社,1997。
41. 韦旭升,许东振:《韩国语实用语法》,外语教学与研究出版社,1997。
42. 徐通锵:《语言论》,东北师范大学出版社,1997。
43. 许国璋:《许国璋论语言》,外语教学与研究出版社,1991。
44. 叶蜚声,徐通锵:《语言学纲要》,北京大学出版社,2000。
45. 伊斯特林:《文字的产生和发展》(第2版),左少兴译,北京大学出版社,2001。
46. 陈榴,《东去的语脉》,辽宁师范大学出版社,2007。
47. 张亚军,《语言学概论》,华东师范大学出版社, 2013。
48. 刘世生,朱瑞青,《文体学概论》,北京大学出版社,2016。
49. 岑运强,《语言学概论》(第二版),中国人民大学出版社, 2017。
50. 吴礼权,《现代汉语修辞学》,复旦大学出版社,2020。
51. 崔希亮,《语言学概论》(第二版),北京语言大学出版社,2021。

索 引

音韵（음운）285
统辞（통사）5, 37, 84, 104, 118, 129, 281, 337
活用（활용）7, 32, 41, 58, 59, 60, 63, 64, 65, 66, 67, 74, 76, 166, 272
元音（모음）10, 12, 283
辅音（자음）10, 283
韵尾（받침）11
音长位（장단음）25
重音（소리의 강세）27
逻辑重音（문장 악센트）28
声调（성조）29
语调（억양）10, 25, 29, 30, 32, 36, 281
语法论（문법론）37
形态论（형태론）37
形态素（형태소）37
名词（명사）45, 46
代词（대명사）45, 53

数词（수사）45, 56, 296
动词（동사）45, 58
形容词（형용사）45, 64
冠词（관형사）45, 67
副词（부사）45, 69
感叹词（간탄사）45, 74, 128
助词（조사）45, 74, 153
格助词（격조사）76
补助词（보조사）76, 79
接续副词（접속조사）72
统辞论（통사론）37, 84
词组（구）84
子句（절）86
名词子句（명사절）86
谓语子句（서술절）86, 87
定语子句（관형절）86, 87
状语子句（부사절）86, 88
引用子句（인용절）86, 88
句子（문장）89
主语（주어）86, 125

谓语（서술어）86, 125
宾语（목적어）126
补语（보어）76, 126
定语（관형어）127
状语（부사어）127
独立成分（독립어）124, 128
单句（홑문장）90
复句（겹문장）91
接续句（접속문）91
内包句（내포문）98
否定句（부정문）99
被动句（피동문）99, 109
使动句（사동문）99, 117
比较句（비교문）107
时制（시제）129
相（상）129, 137
叙述方法（서법）129, 136, 144
词尾（어미）41
先语末词尾（선어말어미）43
语末词尾（어말어미）43
连接词尾（연결어미）43
转承词尾（전성어미）43
词汇（어휘）154, 298
固有词（고유어）161, 298
汉字词（한자어）121
外来语（외래어）161

混合词（혼종어）161
拟声词（의성어）164
拟态词（의태어）164
构词法（단어형성법）164
合成法（합성법）165
派生法（파생법）165, 167
接头词（접두사）153, 167
接尾词（접미사）167, 177, 295
词干（어간）41
同义词（동의어）207
近义词（유의어）208
反义词（반의어）208
多义词（다의어）210
词场（의미장）219
方言（방언）222
标准语（표준어）224
文化语（문화어）225
隐语（은어）227, 228, 229, 230, 231, 234, 251
俗语（속어）164, 231
委婉语（완곡어）235
禁忌语（금기어）235
敬语（경어）149, 164, 236
熟语（숙어）237
成语（성구）237, 239, 297
谚语（속담）164, 237, 242, 297

新语（신어）245
流行语（유행어）248
聊天语言（채팅언어）250
修辞（수사）253
文体（문체）268
拼写法（맞춤법）286

分写法（띄어쓰기）295
文字论（문자론）307
系统论（계통론）327
孤立语（고립어）329, 330
黏着语（교착어）329, 330